UMA HISTÓRIA FANTÁSTICA
DE SUPERAÇÃO

Editora Appris Ltda.
1.ª Edição - Copyright© 2025 do autor
Direitos de Edição Reservados à Editora Appris Ltda.

Nenhuma parte desta obra poderá ser utilizada indevidamente, sem estar de acordo com a Lei nº 9.610/98. Se incorreções forem encontradas, serão de exclusiva responsabilidade de seus organizadores. Foi realizado o Depósito Legal na Fundação Biblioteca Nacional, de acordo com as Leis nos 10.994, de 14/12/2004, e 12.192, de 14/01/2010.

Catalogação na Fonte
Elaborado por: Dayanne Leal Souza
Bibliotecária CRB 9/2162

N456u 2025	Nery, Luiz Uma história fantástica de superação / Luiz Nery. – 1. ed. – Curitiba: Appris, 2025. 123 p. : il. ; 21 cm. Inclui referências. ISBN 978-65-250-6231-0 1. Medicina. 2. Superação. 3. Sucesso. I. Nery, Luiz. II. Título. CDD – 800

Appris
editora

Editora e Livraria Appris Ltda.
Av. Manoel Ribas, 2265 – Mercês
Curitiba/PR – CEP: 80810-002
Tel. (41) 3156 - 4731
www.editoraappris.com.br

Printed in Brazil
Impresso no Brasil

LUIZ NERY

UMA HISTÓRIA FANTÁSTICA DE SUPERAÇÃO

Curitiba, PR

2025

FICHA TÉCNICA

EDITORIAL	Augusto V. de A. Coelho
	Sara C. de Andrade Coelho
COMITÊ EDITORIAL	Marli Caetano
	Andréa Barbosa Gouveia (UFPR)
	Edmeire C. Pereira (UFPR)
	Iraneide da Silva (UFC)
	Jacques de Lima Ferreira (UP)
SUPERVISORA EDITORIAL	Renata C. Lopes
PRODUÇÃO EDITORIAL	Bruna Santos
REVISÃO	Luiz Nery
DIAGRAMAÇÃO	Amélia Lopes
CAPA	João Vitor Oliveira
REVISÃO DE PROVA	Ana Castro

Dedico esta obra, primeiramente, a Deus, o Senhor do universo, mestre da sabedoria e criador de todas as coisas. A Ele seja dada toda a honra, a graça e o louvor. Gratidão eterna ao meu Deus, que me deu inspiração e inteligência para escrever esta história de superação.

À minha esposa, Roseni, companheira e conselheira de todas as horas, que me incentivou a escrever esta autobiografia.

Aos meus filhos: Karin, Marlon e Maikel, que sempre me apoiaram a deixar um legado para as próximas gerações.

MENSAGENS DE AGRADECIMENTOS

AGRADECIMENTO A DEUS

Agradeço a Deus Todo-Poderoso, o criador do universo, por esta conquista que alcancei. Sei que foi por Seu infinito amor e suas bênçãos que eu pude chegar até aqui.

O Senhor, que sempre esteve comigo, me guiando e me dando forças nos momentos mais difíceis de minha vida, também me deu sabedoria para tomar as decisões certas e discernimento para distinguir o certo do errado. A Ti, ó Pai, seja dada toda honra e louvor para sempre. Amém

AGRADECIMENTO AOS MEUS FAMILIARES

Agradeço à minha esposa, Roseni, por juntos termos construído uma família com muito amor. Aos meus filho:, Karin, Marlon e Maikel. As minhas noras: Ana Paula e Laís e ao meu genro: Antonio Vitor, que me apoiaram e me incentivaram a não desistir dos meus sonhos

AGRADECIMENTO AOS MEUS AMIGOS

Agradeço aos meus amigos: Jorge Nisiide, Elias Alves de Oliveira (*in memoriam*), Antônio Carlos Lugli, Luiz Carlos Smith, Carlos Gilberto Almodin, Antonio Fernandes Moron, que estiveram ao meu lado durante toda essa jornada. Vocês me apoiaram, me incentivaram e me ajudaram a não desistir dos meus objetivos.

Não seria possível ter alcançado essa conquista sem vocês.

Obrigado, Deus, por tudo!

Obrigado, família, por tudo!

Obrigado amigos por tudo!

PREFÁCIO

Quanta honra, gratidão e responsabilidade em prefaciar a autobiografia de um amigo-irmão. Digo-vos, pois, que amigos são irmãos que a vida nos presenteia.

É com imenso prazer que me dirijo ao leitor, que ora inicia uma viagem ao passado recente, para viver a história de superação de um menino que nasceu determinado a vencer.

Conhecemo-nos quando adolescentes, no curso científico do Colégio Estadual Dr. Gastão Vidigal. Pela semelhança da nossa origem e dos nossos objetivos, tornaram-se fáceis a convivência e o amadurecimento da nossa amizade, que cresceu e se consolidou com o tempo. Menino simples, o autor carregava grandes sonhos, um deles, ser médico. Seu otimismo e sua perseverança e dedicação contagiavam.

Nascido em uma família de imigrantes italianos, que chegaram ao Brasil no início do século XX, pelo porto de Santos-SP, o autor é o caçula entre oito irmãos.

O livro narra minúcias de sua luta, dificuldades vividas, condições precárias enfrentadas na época, até alcançar seu triunfo: de menino nascido na roça a médico, mestre, doutor e professor universitário da faculdade de medicina.

Testemunhei dificuldades, desafios, perseverança, dedicação e vitórias pessoais e profissionais.

Por meio das páginas desta obra, o leitor terá a oportunidade única de se aprofundar na mente e no coração de alguém determinado a superar todas as adversidades de uma vida tão difícil. O autor compartilha suas experiências pessoais, suas dúvidas, revelando-nos a essência da resiliência humana. É uma narrativa que nos instiga a perseguir nossos sonhos com fervor, mesmo quando o caminho é árduo e cheio de obstáculos.

Esteja pronto para a emoção e para a reflexão, revivendo ou conhecendo o passado. Acima de tudo, esteja pronto para ser tocado pela imensa força de vontade do autor.

Portanto, caro leitor, permita-se mergulhar nas páginas desta autobiografia extraordinária. Deixe-se guiar pela jornada de superação deste médico autêntico e permita que sua história seja um lembrete constante de que não há limites para o que podemos alcançar quando acreditamos em nós mesmos e persistimos na busca por nossos sonhos.

Desfrute desta leitura inspiradora e que ela o leve a escrever sua própria história de superação pessoal.

Com muita gratidão.

Antonio Carlos Lugli

Formado em Medicina em 1979, na Pontifícia Universidade Católica de Porto Alegre (PUCRS) e Residência Médica em Cirurgia Geral entre 1980 e 1981 pela PUCRS. É membro do Colégio Brasileiro de Cirurgiões. Especialista em Urologia pela Associação Médica Brasileira. Médico legista e Perito médico federal

APRESENTAÇÃO

Prepare-se para embarcar em uma jornada de inspiração e resiliência que revela a força indomável do espírito humano. Nesta autobiografia, você encontrará a história de um menino pobre do interior do Paraná, que, desafiando todas as probabilidades, se levantou contra as adversidades e transformou sua vida em um verdadeiro testemunho de vitória e sucesso.

Desde os primeiros momentos de minha vida, fui lançado em um mundo repleto de desafios, onde cada passo era uma luta. Mas, em vez de sucumbir ao desânimo, abracei a determinação como meu farol. Minha trajetória não foi simples; foi uma dança entre a dor e a superação, entre os obstáculos e a esperança.

Cresci em um lar onde as lutas financeiras e emocionais eram constantes, mas foi nesse solo árido que germinou a semente da persistência. Aprendi, desde muito jovem, que mesmo nas circunstâncias mais difíceis, a esperança pode florescer. Minhas raízes familiares, entrelaçadas com valores profundos, moldaram minha determinação e me impulsionaram a buscar um futuro melhor

À medida que os anos avançavam, enfrentei desafios pessoais que testaram não apenas minha saúde, mas também minha resiliência educacional. Cada revés era como uma onda, mas em vez de me deixar afundar, aprendi a surfar sobre elas. A cada queda, eu me levantava mais forte, armado com a convicção de que a verdadeira força reside na capacidade de se reerguer.

Foi nas sombras das dificuldades que descobri meu verdadeiro potencial. Transformei a dor em poder e encontrei significado até nas experiências mais desafiadoras. Assim, a superação se tornou não apenas um objetivo, mas uma jornada de autodescoberta, um convite à autenticidade e à busca de propósitos.

Hoje, ao olhar para o passado, sinto uma profunda gratidão por cada um dos desafios que enfrentei. Cada obstáculo superado não apenas fortaleceu minha determinação, mas também me presenteou com lições valiosas. Minha história é um poderoso lembrete de que, com resiliência e coragem, podemos transformar adversidades em oportunidades e encontrar soluções, mesmo nas horas mais sombrias.

Convido você a explorar as páginas desta autobiografia, onde a resiliência humana brilha intensamente. Que minha história seja uma chama de esperança, inspirando você a enfrentar seus próprios desafios com fé e determinação. Lembre-se: a verdadeira vitória não é apenas sobre vencer, mas sobre a jornada de crescimento e transformação que nos molda ao longo do caminho. Minha autobiografia é um verdadeiro testemunho da resiliência humana e da capacidade de encontrar esperança mesmo nos momentos mais tenebrosos e improváveis.

Portanto, desejo que a minha história possa inspirar outras pessoas, assim como você caro leitor, a enfrentarem seus próprios desafios com fé, coragem e determinação, acreditando que a verdadeira vitória chegará através da sua jornada de crescimento e transformação pessoal.

Venha comigo, e juntos descubriremos a beleza de enfrentar a vida com coragem e amor.

SUMÁRIO

INTRODUÇÃO 15

CAPÍTULO I
HISTÓRIA DO SOBRENOME "NERY" 17

CAPÍTULO II
MINHAS ORIGENS 19

CAPÍTULO III
CONTEXTO HISTÓRICO 22

CAPÍTULO IV
MEMÓRIAS DE INFÂNCIA 29

CAPÍTULO V
FASE DE ADOLESCÊNCIA 43

CAPÍTULO VI
FASE ADULTO JOVEM 50

CAPÍTULO VII
INÍCIO DA JORNADA ACADÊMICA 69

CAPÍTILO VIII
GRADUAÇÃO EM MEDICINA 80

CAPÍTULO IX
INÍCIO DA CARREIRA PROFISSIONAL 84

CAPÍTULO X
INÍCIO DA CARREIRA UNIVERSITÁRIA 95

CAPÍTULO XI
HOBBIES E PAIXÕES 104

CAPÍTULO XII
REFLEXÃO SOBRE A MINHA JORNADA 107

CAPÍTULO XIII
DEPOIMENTOS SOBRE AO AUTOR 110

CAPÍTULO XIV
FOTOS DA FAMÍLIA DO AUTOR 114

REFERÊNCIAS 119

INTRODUÇÃO

O sucesso é muito relevante na vida das pessoas, pois pode trazer uma sensação de realização pessoal e profissional, além de aumentar a autoconfiança e promover o crescimento individual. Por isso, é importante sonhar, mas nunca desistir daquilo que propomos realizar, se quisermos atingir nossos objetivos.

Na tranquila cidade de Cambé, no norte do Paraná, na década de 1950, nascia um garoto com sonhos tão vastos quanto os horizontes daquelas terras lindas e férteis. Quando eu tinha apenas nove meses de idade, minha família mudou-se para a área rural da cidade de Paiçandu (PR), cujos campos verdejantes foram meus primeiros professores, e as estrelas, meus primeiros sonhos.

Ao longo dos anos, enfrentei desafios que pareciam intransponíveis. Lutei contra adversidades implacáveis e busquei um propósito maior em Deus, que sempre me concedeu vitórias. Esta é a minha história (Luiz Nery), na qual apresento uma narrativa de fé, coragem e superação. A medida que mergulho em minhas memórias e experiências ao longo das décadas que vivi, compartilho com você, leitor, minha história de vida, que foi moldada por desafios e iluminada pela esperança. Com certeza é uma história que, acredito que ecoará em seu coração e mente, inspirando-o a enfrentar os desafios que a vida lhe reservar.

Comecei a trabalhar aos 8 anos de idade, ajudando meu pai na lavoura. E, aos 12 anos, nos mudamos para a cidade de Maringá, onde exerci as profissões de engraxate e jornaleiro. Eu sempre fui um garoto tímido, mas com muita fé em Deus, o Todo-Poderoso, o Criador do universo. Não consigo imaginar minha vida sem a presença Dele.

Busquei minha fonte de inspiração em um versículo bíblico de Filipenses 4:13, que diz: "Tudo posso naquele que me fortalece". Esse versículo nos transmite esperança e coragem, inspirando-nos a prosseguir nossa jornada com força em Deus, para enfrentarmos os obstáculos que a vida nos apresentará no futuro.

Eu sempre acreditei que somos o reflexo daquilo que buscamos ao longo de nossas vidas. Todo sucesso está relacionado às nossas atitudes e escolhas. No meio do caminho surgirão surpresas, cheias de obstáculos e desafios, que devemos enfrentar com paciência, perseverança e determinação.

A vida é uma sucessão de ciclos, nos quais há momentos de claridade e outros de escuridão. Nada dura para sempre, nós sabemos disso, mas nos esquecemos com frequência. Quando estamos felizes, parece-nos que, daí para a frente, tudo será lindo e maravilhoso. Mas se passamos por momentos difíceis, parece que isso nunca acabará.

Fico imaginando todas as pessoas deste universo incrível e posso dizer que cada uma delas possui uma linda história de vida. Cada qual com suas particularidades, e que se fosse compartilhada, poderia servir como fonte de inspiração para ajudar outras pessoas a superarem seus limites no decorrer de suas existências.

A história da minha vida mostra que, com fé em Deus e perseverança, é possível superar qualquer desafio. Portanto, espero que minha história inspire você a nunca desistir dos seus sonhos, mesmo quando as coisas parecerem impossíveis, para alcançar o sucesso.

CAPÍTULO I

HISTÓRIA DO SOBRENOME "NERY"

A história dos sobrenomes é uma fascinante janela para o passado, revelando muito sobre as origens de famílias e suas tradições. No caso da minha família, essa origem remonta a épocas longínquas, e carrega consigo um simbolismo que reflete tanto a minha trajetória pessoal, quanto as influências históricas que moldaram o mundo em que vivemos. É nesse contexto que a minha própria história começa, muito antes de mim, com a trajetória dos meus ancestrais e a origem do meu sobrenome, que, assim como muitos outros, carrega significados profundos e diz muito sobre quem somos.

No ano de 476 da era cristã, com a queda do Império Romano, os ancestrais da família Nery encontravam-se vivendo sob o governo de um guerreiro germânico, chamado Odnacro.

Na Europa Medieval, antes que um sistema estruturado de sobrenomes fosse estabelecido, era prática comum o uso de um segundo nome, o qual servia como meio de distinguir pessoas que possuíam o mesmo nome de batismo.

No caso do sobrenome Nery, ele é derivado do nome Negri, que por sua vez vem do latim *Niger*, que significa "negra".

Esse sobrenome indica que o portador original desse nome era conhecido em sua comunidade por ser uma pessoa de pele negra, provavelmente um mouro ou sarraceno, árabe do norte da África. São variantes do sobrenome Nery: Neri, Nero, La Nero e Neron.

Uma das mais antigas referências a esse sobrenome é o registro de Francesco Neri, escultor italiano, citado em 1343. Porém, pesquisas apontam que esse nome pode ter sido documentado muito antes da data mencionada" (Brasão de Arras, 2003).

CAPÍTULO II

MINHAS ORIGENS

Meu nome é Luiz Nery. Nasci em uma pequena cidade chamada Cambé, no interior do Paraná, em uma família de trabalhadores rurais. Sou neto de imigrantes italianos que chegaram ao Brasil no início do século XX, fugindo de um período de crise profunda na Itália. Eles encaram uma viagem de navio em condições precárias, que durava 60 dias entre a Itália e o Brasil.

Figura 1 — Chegada dos imigrantes italianos ao Brasil em 1907 no porto de Santos

Fonte: História da imigração italiana na América do Sul. Bueno, R (2021). Disponível em: https://renatabueno.com.br/storia-dellimmigrazioneitaliana-in:sudamerica/. Acesso em: 1 fev. 2024

Naquela época, milhões de pessoas migraram da Europa para a América, e dentre elas muitos italianos que vieram para o Brasil. A vinda de imigrantes foi a alternativa encontrada pelos cafeicultores paulistas para substituir os trabalhadores escravizados, visto que a expansão cafeeira na região de Campinas e Ribeirão Preto e em outras cidades do interior de São Paulo coincidiram com a suspensão do tráfico de escravos para o Brasil.

Apesar da Região Sul ter recebido os primeiros italianos, foi a Região Sudeste que recebeu o maior número de imigrantes oriundos da Itália. Isso se deve ao processo de expansão das fazendas de café no estado de São Paulo.

Meus avôs paternos chamavam-se Agostinho Nery e Elvira Donatto, e meus avôs maternos chamavam-se Antonio Fratta e Luiza Lupieri Ambos vieram da Itália de navio, fugindo da 1ª Guerra Mundial e com a proposta de uma vida melhor nas lavouras de café no Brasil. Meus pais, Felício Nery e Aldemia Fratta: ele nasceu em Brodowski (SP) e ela em Fiumicello, Itália, que naquela época ainda pertencia a Áustria. Ele era lavrador e ela, dona de casa. Eles se conheceram e se casaram na cidade de São Joaquim da Barra, São Paulo, em 1929.

Figura 2 – Meus pais, Felício Nery e Aldemia Nery em 1982

Fonte: arquivo do autor

CAPÍTULO III

CONTEXTO HISTÓRICO

Na década de 30, no interior do estado de São Paulo, onde meu pai trabalhava, a vida na área rural era muito precária e difícil. Os proprietários das fazendas de café exigiam uma jornada de trabalho de dez horas por dia. Em 1940, meus pais decidiram migrar para o interior do Paraná, estabelecendo-se na cidade de Cambé. Sou o caçula de uma família de oito filhos, que são: Tereza, Luzia, Yolanda, Moacir, Maria Luiza, Glória e Armando.

Meu nome foi escolhido pela minha mãe em homenagem ao meu tio Luiz, irmão dela, que era escultor de imagens sacras talhadas em madeira. Naquela época, meu pai trabalhava arduamente como ensacador em uma indústria de beneficiamento de café, enfrentando jornadas de oito a dez horas durante a noite.

A expansão das atividades cafeeiras na região norte do Paraná provocou significativas transformações no estado. A cultura do café teve sua importância para o povoamento do Norte Pioneiro devido às várias fazendas de café que foram surgindo na região, oriundas dos cafeicultores paulistas, tendo em vista que o Estado do Paraná oferecia condições favoráveis para a aquisição de terras aos imigrantes.

Figura 3 – Colheita de café por trabalhadores na área rural no norte pioneiro do Paraná, na década de 50

Fonte: Companhia Melhoramento Norte do Paraná

Na década de 1950, a vida na zona rural era marcada por grandes desafios, especialmente em relação às condições básicas de sobrevivência. Muitas famílias enfrentavam problemas de saúde e dificuldades financeiras significativas, o que afetava sua rotina diária.

Nessa época, meu pai comprou um sítio de sete alqueires na Gleba Colombo, comarca de Maringá, com o objetivo de cultivar café, arroz, milho e feijão. As variedades de culturas eram formas de minimizar riscos associados a qualquer uma das lavouras, além de garantir alimentos essenciais para nossa sobrevivência.

O desmatamento no sítio foi uma tarefa árdua e desafiadora para transformar a terra em um espaço habitável. Com apenas uma foice e um machado, ele enfrentou a vegetação impenetrável, com coragem e determinação. Com a madeira retirada da mata, ele construiu uma pequena casa para nossa moradia.

A mudança para o sítio representou um marco significativo na vida da minha família, refletindo o desejo de construir uma vida melhor e com mais qualidade. Essa época foi marcada por obstáculos e sacrifícios, mas também por uma forte união familiar e um esforço coletivo.

As dificuldades financeiras e as condições precárias de alimentação e saúde eram comuns para muitos agricultores da época. Nossas refeições eram baseadas principalmente em arroz, feijão e polenta, devido às limitações financeiras e à dependência dos produtos cultivados na própria propriedade.

Apesar do esforço e da resiliência da minha família, a vontade de vencer foi fundamental para superar as adversidades. A vida no campo exigia não apenas trabalho físico intenso, mas também capacidade de adaptação e persistência diante das dificuldades.

À medida que os filhos foram crescendo, todos começaram a trabalhar nas lavouras para ajudar no sustento familiar. Segundo minha mãe, até os três anos de idade, eu era um menino que adoecia com frequência.

Nessa mesma época, uma de minhas irmãs acidentalmente me queimou a perna esquerda com um ferro de passar roupa a base de brasa quente. O incidente ocorreu enquanto ela passava as roupas e, sem querer, encostou o ferro na minha perna. Fiquei com uma queimadura que deixou uma cicatriz permanente.

No sítio, utilizávamos fossa séptica para as necessidades fisiológicas e bebíamos água insalubre proveniente de um poço. Nossa situação financeira também nos impedia de comprar calçados adequados. Por isso, andávamos descalços na maior parte do tempo e, quando conseguíamos comprar, era um sapato de pano conhecido como a famosa alpargata roda. Era um calçado de má qualidade e durabilidade limitada que se desmanchava com a primeira chuva.

Esse tipo de calçado oferecia pouca proteção e frequentemente não era suficiente para prevenir acidentes com pregos enferrujados ou infecções parasitárias, como o bicho de pé (tunga penetrans).

As crianças que viviam na área rural nessa época enfrentavam diversos desafios que impactavam diretamente sua saúde e bem-estar. Além das dificuldades relacionadas ao acesso à educação, a falta de cuidados básicos na saúde propiciava a infestação de piolhos (pediculose), escabiose (sarna) e pulgas (pulex irritans).

Durante as festas de Ano Novo, existia uma tradição adorável em alguns vilarejos da nossa região. As crianças percorriam as casas das famílias vizinhas para desejarem boas festas de Ano Novo, em troca ganhavam algumas moedas. Nós chegávamos às essas residências e, com sorriso, comprimentávamos com a expressão: "Feliz Ano Novo"! Cada visita era uma pequena aventura, e cada moeda recebida era um prêmio que deixava nossos olhos brilhando de alegria e felicidade..

Essa tradição tinha um caráter amistoso, permitindo que nos aproximássemos das pessoas e ganhássemos a sua confiança. Mas é claro que para as crianças o principal objetivo era conseguir ganhar algumas moedas, alguns vizinhos ofereciam doces em vez de dinheiro, que também eram recompensas bem-vindas e nos alegrávamos muito. Esses hábitos ajudavam a fortalecer a união da comunidade

Na época de inverno, era muito comum o aparecimento das doenças exantemáticas, como sarampo, caxumba, varicela, varíola e poliomielite. E quando éramos acometidos por algumas dessas doenças, minha família recorria a remédios caseiros e benzimentos como forma de tratamento. Os chás caseiros eram usados na tentativa de aliviar sintomas ou ajudar na recuperação, mas não eram eficazes contra as infecções virais.

Os benzimentos e práticas tradicionais podiam apenas proporcionar conforto psicológico, mas era uma prática comum naquele tempo e para quem acreditava, com certeza fazia uma bela diferença.

A iluminação das casas era suprida através de lamparinas de querosene ou lampiões a gás.

Figura 4 – Lamparinas de querosene modelo retro antigo com pavio

Fonte: produto.mercadolivre.com.br. Acesso em: 04 abr. 2024

A busca por notícias sobre o Brasil e o mundo contemporâneo era através de noticiários de rádios transmitidos pelas emissoras de rádio nacional do Rio de Janeiro, Record de São Paulo e, mais tarde, pelas rádios Inconfidência de Belo Horizonte e Farroupilha de Porto Alegre.

Naquele período, a cidade de Maringá estava apenas começando a se desenvolver. Não havia asfalto, e a paisagem era composta principalmente por pequenas construções comerciais isoladas e residências de madeira. As pessoas chegavam a Maringá a cavalo ou em charretes puxadas por cavalos. Outros meios de transporte da época eram realizados pelas famosas jardineiras, bem como pelo trem Maria Fumaça, que oferecia uma linha para passageiros, conectando Maringá, Londrina e Ourinhos (SP).

Figura 5 – Maringá na década de 50 com alguns automóveis, ônibus ou jardineiras e pessoas circulando pela cidade

Fonte: Maringá Histórica

A Estação Rodoviária de Maringá, no início da década de 1950, de onde saíam as famosas jardineiras, localizava-se na praça que anos depois levaria o nome de Napoleão Moreira da Silva.

Figura 6 – Antiga estação rodoviária de Maringá, na década de 50

Fonte: Maringá Histórica

Nos anos 1950, o principal meio de transporte usado pela população de Maringá era a charrete puxada por cavalos. Porque era o serviço que tinha um custo baixo, e ficava disponível nos principais pontos da cidade.

Figura 7 – As charretes eram o principal meio de transporte em Maringá na década de 50

Fonte: Maringá Histórica

CAPÍTULO IV

MEMÓRIAS DE INFÂNCIA

Minha infância foi marcada por uma infinidade de acontecimentos bons e ruins. Morávamos em uma casa de madeira muito simples, cujas paredes tinham frestas enormes. Nós dormíamos em colchões de palha de milho e travesseiros feitos de penas de aves ou plumas de paineiras. Os banhos diários eram realizados no chuveiro caipira da época ou, em outras ocasiões, nos riachos mais próximos da nossa casa.

Figura 8 – Chuveiro caipira da década de 60

Fonte: Mercado Livre. https://lista.mercadolivre.com.br/chuveiro-caipira. Acesso em: 4 abr. 2024

Apesar da nossa tenra idade, era necessário trabalhar duro na roça, ajudando nossos pais na agricultura; limpando covas de café com as mãos, sem luvas, enfrentando o risco de picadas de cobras e outros animais peçonhentos. Certo dia, quando eu estava limpando uma plantação de café, sem querer, puxei uma cobra coral junto com as folhas. Fiquei tão assustado que joguei a cobra longe. Felizmente, ela não me picou e tudo terminou bem

Outra vez, eu estava brincando com uma caixa de papelão na roça, e de repente, uma aranha que estava dentro me picou no dedão do pé. Chorei muito, pois a dor era insuportável, como não havia hospitais por perto, o tratamento foi realizado segundo os costumes da época: urina e fumo de corda fervido, colocado no local do ferimento. Apesar da situação, tudo acabou bem e logo me recuperei.

Aos sábados, as tarefas de casa eram divididas entre os irmãos mais novos. Nós tínhamos que varrer o terreiro de casa e cuidar dos animais domésticos, como porcos e galinhas, além de ajudar na ordenha das vacas.

Enquanto isso, meu pai e os demais irmãos se dedicavam à colheita manual dos grãos de café. Eles passavam horas sob o sol escaldante, cuidadosamente retirando os frutos maduros das plantas. Depois de colhidos, os grãos eram transportados para um terreiro de café, num espaço ao ar livre, onde eram espalhados para secar. Após o processo de secagem, o café era armazenado adequadamente para, então, ser preparado tanto para o consumo quanto para a venda.

Além do trabalho árduo na lavoura, meu pai trabalhava nos finais de semana em nossa residência como barbeiro.

Na década de 50, um evento climático devastador marcou a vida dos agricultores da região e a nossa também. Uma grande geada arrasou toda a vegetação, que ficou completamente destruída. O frio intenso foi uma calamidade para todos aqueles que dependiam da agricultura, em especial para todos os produtores de café, como nós.

As temperaturas caíram para níveis alarmantes, variando entre 5°C e 9°C negativos. Essa geada severa arrasou as plantações de café, destruindo o trabalho e a esperança de muitos agricultores. O impacto foi tão profundo e lamentável que todos enfrentaram perdas significativas e a difícil tarefa de reconstruir suas vidas e recuperar as terras após o desastre.

Na véspera dessa geada, fomos a um casamento de um dos nossos vizinhos. Ao retornar para casa de madrugada, fomos surpreendidos por um frio intenso. Ao nascer do sol, percebemos que o telhado da nossa casa e os gramados estavam cobertos de gelo, criando um cenário inusitado e mágico, que nunca havíamos presenciado antes.

Então, meus irmãos, encantados com a novidade do frio, tiveram a brilhante ideia de fazer um suco de limão e colocá-lo em um recipiente do lado de fora da casa para ver o que aconteceria.

Para nossa surpresa e alegria, o suco congelou e se transformou em um delicioso sorvete. Essa descoberta causou uma grande euforia entre nós, pois não tínhamos geladeira e, por isso, era muito raro saborear sorvetes, exceto em dias de festas, nas pequenas cidades da região. O sorvete improvisado se tornou uma pequena celebração em meio àquele frio intenso, criando uma memória afetiva alegre e marcante, apesar daquele período desafiador.

Figura 9 – Luiz Nery aos 6 anos de idade no sítio de minha família. Ao fundo aparece a nossa antiga casa de madeira

Fonte: arquivo pessoal

Na localidade onde morávamos, as festas de santos padroeiros eram eventos muito esperados e frequentes. Em especial, as festas de São Sebastião e Santo Antônio, que ocorriam em um pequeno vilarejo chamado Marilá, distante 15 km de nossa residência. Essas festas eram uma grande ocasião para todos se divertirem. Para mim, era a oportunidade de saborear sorvetes em palito e comer algodão doce. Essas delícias eram uma verdadeira raridade na região, visto que proporcionavam alegria e diversão nas festas de celebração.

Na zona rural, onde nós morávamos, sempre que o céu escurecia e o vento começava a soprar forte, meus pais acendiam uma vela benta e queimavam ramos santos, acreditando que isso ajudaria a acalmar a tempestade.

Na minha inocência de criança, eu acreditava que podia contribuir de forma ainda mais direta. E com uma fé pura e simples, fazia promessa aos santos padroeiros, oferecendo frangos em troca de proteção contra os temporais. A idéia de que os santos aceitariam minha oferta me enchia de esperança, e eu aguardava o momento em que cumpriria minha promessa.

No entanto, os anos se passaram, e a promessa nunca foi cumprida, pois como criança eu não tinha autorização dos meus pais para oferecer os frangos prometidos aos santos.

Aos meus oito anos de idade, meu pai me levou para conhecer a cidade de Maringá. Recordo que passei por uma experiência inesquecível na minha vida. Ele me levou ao Bar Ipanema para comer um lanche e confesso que foi a primeira vez que provei mortadela e sardinha enlatada com pão francês, e achei uma delícia. Depois de saborear essas iguarias, passeamos pela cidade e entramos em uma loja que estava cheia de brinquedos para crianças. Fiquei completamente encantado com uma bicicletinha de três rodas e, cheio de entusiasmo, comecei a andar nela dentro da loja, eu estava muito feliz, mas o proprietário da loja,, não gostou muito e com um olhar sarcástico, abordou meu pai e perguntou: "Vai comprar?" "Não!" respondeu meu pai, "é muito caro!" Então, "deixe o brinquedo aí!" respondeu o dono da loja.

Fiquei arrasado e saí de lá com o coração partido, chateado e chorando bastante. Embora tenha me conformado temporariamente com a situação, aquele dia ficou marcado como uma mistura de descoberta e frustração. É uma lembrança de como as pequenas coisas podem ter um grande impacto, tanto positivo quanto negativo, na nossa infância.

Certa vez, enquanto trabalhávamos na roça, meu irmão mais velho acidentalmente quebrou meu dente incisivo com o cabo da enxada. Naquele tempo, o dentista resolveu o problema colocando um fragmento de resina banhada a ouro para tapar o buraco. Confesso que o resultado não ficou esteticamente bom. Devido a esse incidente, um de meus colegas da faculdade me deu um apelido pejorativo: "dentinho". Apesar do incômodo, a experiência faz parte das memórias que moldaram minha trajetória. Com o tempo, aprendi a lidar com os desafios e a rir das situações inusitadas que a vida me apresenta.

Por conseguinte, ocorreu outro fato marcante, que aconteceu quando eu brincava com meu irmão mais velho em uma cerca de madeira com arame farpado. Escorreguei e o arame se enroscou em minha perna, ocasionando um ferimento profundo. Gritei logo para o meu irmão, que veio em meu socorro. A dor era cruciante e parecia eterna, enquanto o sangue escorria pela minha perna. Entretanto, a ferida demorou semanas para cicatrizar e, mesmo após o corte ter fechado, uma cicatriz enorme permaneceu como uma marca física e emocional das trapalhadas de criança. A cicatriz em minha perna não é apenas uma marca do acidente, mas também uma lembrança de como a infância, por mais inocente e cheia de aventuras que seja, pode ser marcada por momentos de dor e traumas permanentes.

4.1 Momentos de descontração e lazer

Durante o período em que residimos na roça, a conexão com a natureza foi uma parte fundamental da nossa vida cotidiana. O ambiente rural nos ofereceu uma imersão completa em um mundo natural, vibrante e repleto de descobertas. Cada dia era uma nova aventura, explorando as maravilhas do campo e desfrutando da liberdade que só a natureza pode proporcionar.

Além do mais, tínhamos um grupo de amigos inseparáveis e, juntos, vivíamos aventuras que pareciam eternas. Explorávamos a natureza, subindo em árvores e escalando os troncos robustos delas. E lá no alto, construíamos balanços improvisados com cordas e galhos, que nos proporcionavam horas de diversão e um sentimento de conquista a cada balanço.

A coleta de frutas silvestres era uma parte deliciosa de nossa exploração. Caminhávamos pelos campos e matas, em busca de frutas frescas e saborosas, como amoras, goiabas e jabuticabas, araticum e pitanga que nos ofereciam um deleite natural e uma conexão direta com os ciclos da terra.

Nossas tardes eram frequentemente preenchidas com atividades aquáticas. No nosso sítio, havia um rio e cachoeiras que serpenteavam por um pedaço de mato. Então, mergulhávamos nessas águas frias e cristalinas, que refrescavam e renovavam nossas forças. Para tornar mais emocionantes, usávamos uma técnica engenhosa: represávamos o rio para aumentar o nível da água e, com o auxílio de um cipó criávamos uma espécie de balanço para pular e mergulhar na água. Toda essa aventura era uma grande festa!

Durante essas aventuras, muitas vezes avistávamos cobras-d'água deslizando graciosamente pelo riacho. Embora fossem um pouco intimidantes, faziam parte da paisagem e, de certa forma, tornavam nossos mergulhos ainda mais emocionantes.

Nadar no riacho era mais do que uma diversão; era uma oportunidade de nos conectarmos com a natureza, criando memórias e vivenciando momentos inesquecíveis.

E Para aqueles que não sabiam nadar, alguns meninos contavam histórias inusitadas. Era preciso engolir lambari vivo (um peixinho) para adquirir habilidade. A idéia parecia mais uma daquelas lendas populares contadas na época, que na verdade não passava de pura fantasia.

Nos finais de semana, na companhia dos meninos da vizinhança, divertíamo-nos jogando bolinhas de gude, brincando de esconde-esconde, rodando pião, soltando pipas e correndo com carrinhos de rolimã de madeira. As meninas, incluindo as minhas irmãs, por sua vez, gostavam de brincar com bonecas de pano, construir casinhas de barro e pular cordas.

Esses momentos eram marcados por atividades que proporcionavam diversão e alívio do stress cotidiano. Naquela época também divertíamos armando arapucas para capturar passarinhos e mantê-los em gaiolas como aves de estimação para ouvi-los cantar, prática habitual da época. O canto dessas aves, especialmente o pássaro-preto e o canarinho, nos proporcionavam momentos de relaxamento e bem-estar.

Um certo dia, aconteceu um fato muito curioso e triste! Eu tinha um passarinho de estimação, "INHAMBU-CHINTÃ", que peguei na arapuca e que era muito querido para mim.

Mas, infelizmente um gato que frequentava a nossa casa, durante a noite, conseguiu alcançar o passarinho pelas frestas da gaiola e, de forma inesperada, acabou matando-o e arrancando sua cabeça. Foi uma experiência muito traumática para mim na época, e até hoje lembro desse fato com muita tristeza.

Entre alegria e dissabores, como é bom e nostálgico lembrar do tempo em que vivi na roça, na minha infância! Os animais de estimação, como gatos e cachorros, desempenharam um papel essencial na minha vida, trazendo alegria e companhia. Os gatos eram muito carinhosos e brincalhões, mas os cachorros eram a minha melhor companhia. Eu tive a sorte de compartilhar meu espaço com cinco cachorros, que tinham personalidades distintas e que marcaram minha vida de maneira única.

Então, vejamos os cães da minha infância: Cravinho, que era o mais velho da matilha, sempre parecia carregar a sabedoria dos anos; Marquesa, uma raça de pastor alemão imponente e feroz, protegendo a casa; Tarzan, um cão pequeno e frágil; Suke, um malandro travesso, sempre aprontando alguma coisa; por fim, Valente, o líder inquestionável da matilha, destacava-se por sua astúcia e coragem guiando todos os demais com força e determinação.

Meus cães sempre me acompahavam. Quando eu ia pescar, era sempre uma mistura de emoções. O ambiente ao redor era tranquilizador, com a água correndo suavemente e a natureza em pleno esplendor, mas também tinha suas partes inquietantes. Um dos momentos que mais me fazia sentir um frio na barriga era quando escutava barulhos ou percebia movimentos entre as taboas. Porém, logo eu descobria que eram aquelas vegetações aquáticas que cobriam parte do riacho, que provocavam aqueles movimentos. Então, a mente começava a criar cenários e, para aliviar a tensão, eu assobiava alto, chamando meus fiéis companheiros caninos que logo surgiam em meu socorro.

Naquela época, os cães não era apenas companhia, mas também nossa segurança. Meus animais estavam sempre atentos à minha chamada e vinham me socorrer com uma lealdade inabalável. Eles conheciam bem o som do meu assobio e apareciam como uma verdadeira equipe de resgate. A presença deles me dava um alívio imediato e dissipava o medo que me afligia. Com eles ao meu lado, eu me sentia mais seguro e pronto para continuar as aventuras da minha pesca, sabendo que estava cercado por amigos sempre dispostos a me proteger e me acompanhar em qualquer situação.

E como nem tudo são flores, um certo dia, aquele cachorro chamado Valente, que era corajoso e enfrentava qualquer desafio por mim, morreu atropelado por um caminhão. Esse episódio me deixou profundamente triste e desolado. Foi uma perda irreparável e dolorosa, que até hoje me lembro.

4.2 Traumas de infância

Apesar das brincadeiras divertidas e alegres da minha infância, alguns fatos desagradáveis aconteceram. O bullying foi um deles e que surgiu muito cedo na minha vida. Eu era um garoto tímido, de baixa estatura, o que me tornava alvo de zombarias. Recebi vários apelidos, como baixinho, perna de pato, meio quilo e bodinho. Esses cognomes pejorativos me constrangiam e me magoavam profundamente. Mas a vida me ensinou desde cedo a resiliência e embora esses fatos me magoassem eu conseguia transformar em combustível para meu crescimento pessoal.

Existem pessoas que se deixam abater por isso, afinal não é fácil ser hostilizado por fatores que não estão sobre nosso controle ou escolha, mas não comigo, os zombadores mal sabiam que na verdade estavam me impulsionando a provar a mim mesmo o meu valor. Se tem uma coisa que aprendi com o bullying além de ser um ato de covardia, é que você jamais pode deixar que isso determine quem você é, afinal, essas zombarias falam mais sobre a pessoa que está fazendo, do que sobre quem você é. Podemos dizer que é mais sobre o outro do que sobre você. Eu sempre vi nos desafios, esperança nas adversidades e uma oportunidade de ser um pouquinho melhor que no dia anterior.

4.3 Costumes e tradições da época

Nessa época, onde morávamos havia festas de celebrações e reuniões entre as comunidades, que proporcionavam uma forma de socialização e apoio mútuo. Entretanto, a vida social era muito influenciada pela crença religiosa e pelas tradições culturais locais.

Através das festividades juninas, as pessoas da área rural mantinham vivas tradições enraizadas em suas culturas. Durante o mês de junho, era comum se reunirem para rezar o terço, acender fogueiras **e** soltar fogos de artifício e subir em pau de sebo com o objetivo e alcançar o premio colocado no topo do mastro. Era um momento muito especial de devoção e comunhão entre as comunidades.

Além disso, a tradição de fazer novenas para cumprir promessas era uma parte significativa das celebrações. As novenas eram rezadas com fervor e simbolizavam a devoção e a esperança. Enquanto isso, as fogueiras acesas e os fogos de artifício iluminavam as noites juninas com um brilho especial, celebrando não apenas as festividades, mas também a união das comunidades, estreitando os laços de amizade.

Durante os encontros para rezar o terço, a atmosfera era enriquecida pelos hinos religiosos que cantávamos, elevando ainda mais o espírito de festa e devoção.

Após a oração, era tradição oferecer comidas típicas como uma maneira de compartilhar e celebrar juntos, criando memórias que ligavam a espiritualidade e a alegria festiva de forma inexplicável.

Os costumes do povo eram muito saudáveis e enriquecedores; proporcionavam para as crianças brincadeiras de roda, onde elas se davam as mãos e entoavam cantigas folclóricas, como "Ciranda, Cirandinha", "O Cravo Brigou com a Rosa", "Peixe-Vivo". E também, nós nos divertíamos com brincadeiras como "Lenço Atrás" e "Cobra-Cega".

Outro costume memorável daquela época, nas noites de fogueira e confraternização, era ouvir os adultos contarem histórias de assombrações, como a mula sem cabeça e o lobisomem. Apesar do medo que sentíamos, ficávamos atentos e, no final, tínhamos medo de retornar para casa sozinhos. Aos domingos, meu almoço favorito era macarrão com molho de colorau e frango de panela. Era um prato que me proporcionava grande satisfação ao degustá-lo.

4.4 Educação: os primeiros anos escolares

A educação de base foi criada em 1952 pelo governo do presidente Getúlio Vargas, em seu segundo mandato, e oficializada em 1956, no governo de Juscelino Kubitschek. Porém, foi extinta em 1963, e a Campanha Nacional de Educação Rural (CNER) teve como objetivo incorporar o homem no campo ao plano de desenvolvimento econômico, por meio da Educação de Base (BARREIRO, 2010).

O acesso à educação era restrito e muitas vezes limitado a pequenas escolas rurais. A infraestrutura social, como serviços públicos e apoio comunitário, era escassa. E as oportunidades para os jovens muitas vezes se limitavam às atividades locais, como a agricultura.

4.5 Início da minha alfabetização

A alfabetização foi um marco importante na minha vida. Lembro-me do dia em que aprendi a ler e escrever. Foi em uma escola rural da Gleba Colombo, distrito de Paiçandu Pr. Recordo-me com carinho da minha primeira professora, que se chamava Aurora; ela teve um impacto positivo em minha vida porque desempenhou um papel crucial no meu processo de aprendizagem. O momento em que aprendi a escrever o meu nome foi um marco significativo e o ponto de partida da minha educação. O aprendizado da língua portuguesa, geografia, história e matemática foi essencial para desenvolver minhas habilidades; constituiu uma base sólida para minha trajetória educacional ao longo da vida.

As pessoas com menos de 50 anos com certeza não conheceram as escolas dessa época. As carteiras escolares eram feitas de madeira, que comportavam dois alunos.

Figura 10 – Carteiras escolares antigas usadas

Fonte: Mercado livre. Acesso em: 03 abr. 2024

A cartilha usada na época era nomeada "Caminho Suave", de Branca Alves de Lima, e continha exercícios de grafia e traçado das letras feitos simultaneamente à alfabetização, pelo método analítico, com o estudo de palavras formadas por sílabas simples do B-A-BA indo até o Z-A-ZA sendo fenômeno de venda no Brasil. E a tabuada era aprendida com a cartilha "Caminho do Saber".

Portanto, aprendi a ler e a escrever com o auxílio dessas duas cartilhas. O quadro pendurado na parede da sala era de cor preta e usava-se giz de cor branca. Assim o professor escrevia toda a matéria no quadro e depois explicava oralmente. Graças a Deus eu era um aluno muito aplicado, e com muito esforço conseguia tirar boas notas, em especial na matéria de matemática.

A régua era de madeira e além de um instrumento usado na sala de aula, muitas vezes era usada também pelos professores como um instrumento de repreensão durante a revista em sala de aula. Pois, se os alunos não estivessem com as unhas cortadas e limpas, levavam palmadas nas mãos. Era uma espécie de rigor e disciplina, utilizadas nas escolas e nos grupos escolares daquela época.

Após alguns anos a escola onde eu estudava fechou e eu precisei continuar meus estudos em uma nova instituição, localizada em uma fazenda a 10 km de distância da minha casa. A jornada até a nova escola não era fácil; eu tinha que atravessar pastos onde haviam bois e cachorros bravos, o que tornava o percurso tanto cansativo quanto perigoso.

Na nova escola, a disciplina era bastante rigorosa chegando a ser muitas vezes cruel. A professora tinha o hábito de aplicar castigos físicos severos, como obrigar os alunos a se ajoelhar em cima de tampinhas de garrafas ou grãos de milho, caso se esquecessem de fazer suas tarefas. Entretanto, essa prática de punição, embora comum em alguns lugares da época, não era universal e variava de acordo com o professor e a escola.

CAPÍTULO V

FASE DE ADOLESCÊNCIA

Aos 12 anos de idade, mudamos para a cidade de Maringá, onde reinicei os meu estudos, a partir da 3ª série do curso primário, no grupo escolar *Ayrton Plaisant*.

Nessa época, eu estava saindo do período da infância para a adolescência. Essa fase me proporcionou novas descobertas, sinalizando o início de um período, em que eu começava a enxergar o mundo de maneira diferente e a explorar novas possibilidades para o meu futuro.

As amizades se tornaram mais intensas, e as primeiras paixões começaram a surgir com a conquista de minha primeira namorada. Eu era um jovem sonhador, ansioso por deixar minha marca no mundo. Todavia, sabemos que é uma etapa de profundas mudanças físicas, emocionais e cognitivas. Neste período de transição, os indivíduos estão em plena formação de sua identidade.

Entretanto, a visão de futuro durante a adolescência pode ser moldada por uma série de fatores, como o ambiente familiar, a situação socioeconômica e as influências culturais, individuais e sociais.

Figura 11 – Foto do Grupo Escolar Ayrton Plaisant

Fonte: Secretaria Municipal de Educação (Seduc)

O grupo escolar Ayrton Plaisant, onde recomecei os meus estudos, promovia atividades que proporcionavam um bom relacionamento interpessoal entre alunos e professores, além de oferecer cursos extracurriculares, como, por exemplo, para escoteiros, do qual participei com muita dedicação. Esses cursos não apenas ensinavam habilidades práticas e conhecimentos variados, mas também instilavam valores de civilidade e patriotismo entre os alunos.

Além das demandas acadêmicas, eu precisava ajudar nas despesas da família. Era necessário conciliar as duas coisas: estudar e trabalhar. Para mim, foi um desafio significativo, especialmente em decorrência da minha pouca idade. E foi então que decidi enfrentar essa situação com coragem e determinação.

5.1 Primeiros empregos informais

5.1.1 Engraxate

Iniciei minha vida profissional como engraxate na Estação Rodoviária de Maringá em 1962.

Essa atividade me permitiu não apenas ajudar minha familia nas despesas, mas também aprender importantes lições de responsabilidade e resiliência, Além disso, buscava equilibrar minhas obrigações cívicas e responsabilidades profissionais.

Essa profissão era muito comum em décadas passadas, período em que imperavam os sapatos de couro, que precisavam ser polidos com uma graxa especial, que dava o devido brilho aos sapatos masculinos. Nessa época, jovens entre 10 e 14 anos de idade buscavam o sustento próprio por meio desse serviço simples, que era a limpeza e o polimento dos sapatos. Entretanto, havia uma disputa acirrada pela clientela e pelo melhor ponto da cidade. Na rotina diária, para agradar o cliente, era possível tocar sambinha pelo barulho que soava no atrito da flanela com o sapato enquanto realizavam o serviço (DIAS, 2019).

Essa fase de minha vida foi marcada por desafios intensos e momentos de grande dificuldade, porque era muito difícil lidar com a hostilidade de outros meninos, maiores e mais agressivos, na disputa pelo melhor ponto na estação rodoviária. Era um tormento constante. Pois, a cada insulto que recebia, a frustração aumentava, até que um dia a situação se tornou insustentável.

Não podendo mais suportar as provocações e a opressão, decidi partir para o confronto com coragem e determinação. Enfrentei o opressor com um espírito indomável de valentia e fui vitorioso. Esse confronto não só me deu um alívio momentâneo, mas também me fortaleceu de uma maneira que jamais imaginei.

Figura 12 – A profissão de engraxate em 1970

Fonte: Wikipedia a enciclopédia livre

Entretanto, as adversidades não pararam por aí. Eu tinha que enfrentar a dura repressão dos fiscais da prefeitura, que frequentemente nos repreendiam e tentavam acabar com o nosso ganha-pão. Então, numa tarde, um desses fiscais confiscou minha caixa de engraxar e um canivete que eu usava para limpar o barro dos sapatos dos clientes. Confesso que a sensação de perda e injustiça foi avassaladora. Era como se tirassem não apenas o meu sustento, mas uma parte fundamental da minha dignidade.

5.1.2 Jornaleiro

Com o passar do tempo, comecei a observar as pessoas que transitavam pela estação rodoviária de Maringá. Eram passageiros que estavam à espera de ônibus para se deslocarem aos seus destinos. Observei que era um local onde se concentravam muitas pessoas todos os dias e vi que a maioria gostava de ler jornais e revistas em quadrinhos. Então, decidi vender jornais também neste local. E busquei diversificar minhas fontes de renda e, assim, comecei a vender jornais na minha cidade.

Figura 13 — Foto do pequeno jornaleiro na cidade do Rio de Janeiro

Fonte: EBC (2014)

Figura 14 – Antiga rodoviária de Maringá, na década de 60 a 70

Fonte: Maringá Histórica

Minha jornada começava antes do sol nascer, às 5h da manhã, quando a cidade ainda estava adormecida. Era nesse silêncio matinal que eu me levantava, determinado a buscar os jornais nas redações da *Folha do Norte do Paraná* e *O Jornal de Maringá*.

Esses jornais eram a principal fonte de informação para a cidade e região, divulgando as notícias que moldavam a vida local e de municípios vizinhos.

Portanto, o caminho não era fácil e a competição era acirrada. Eu pegava os jornais na redação e saia correndo para chegar na Estação Rodoviária antes dos meus concorrentes. Era uma corrida contra o tempo e contra a concorrência, a fim de garantir o maior número possível de jornais vendidos.

Pois, além dos jornais locais, eu também vendia exemplares de publicações de outros estados, como *Diário do Paraná*, *Gazeta do Povo*, *Diário da Noite*, *Diário de Notícias*, *Folha de São Paulo*, *Estado de São Paulo*, *Gazeta Esportiva* e *O Globo*. Meu portfólio também incluía jornais subversivos da época, como *Última Hora*, *Jornal do Brasil*, *Correio da Manhã* e *O Pasquim*, desafiando as normas e enfrentando o risco que isso representava.

Cada dia de trabalho era uma maratona de esforço físico e mental. Não havia espaço para o cansaço, e meu combustível era a determinação. A rotina era exaustiva e, para alimentar-me durante esse longo período, eu me contentava com um simples pão francês molhado na gordura, que eu comprava na lanchonete. Para dar mais sabor eu pedia para molhar o pão na gordura, essa era a minha alimentação no período da manhã. Apesar da simplicidade da minha refeição, cada mordida era uma lembrança da minha luta e resiliência.

A vida como jornaleiro era dura, mas me proporcionada precioso aprendizado, porque a cada desafio que enfrentava me ensinava a importância da perseverança no trabalho. Portanto, lidar com a pressão constante da competição, o desgaste físico e a simplicidade da minha alimentação, foram lições valiosas, que já me preparavam para a futura profissão de médico, a qual exige muita coragem e determinação.

CAPÍTULO VI

FASE ADULTO JOVEM

6.1 Prova de admissão ao ginásio

A partir dos anos 60, ingressar no Ginásio (ensino fundamental) exigia a superação de um desafio adicional: a aprovação em uma prova de admissão. Esse exame estabelecia um obstáculo extra para os estudantes que aspiravam continuar seus estudos.

Em 1965, após ser aprovado nesse exame, dei continuidade aos meus estudos no Ginásio Estadual Vital Brasil (atualmente denominado Colégio Estadual Vital Brasil) no período noturno. Esta escolha se deu pela necessidade de trabalhar durante o dia, a fim de custear meus estudos e contribuir com as despesas domésticas.

A partir daí, minha vida começou a tomar uma nova direção, na qual o equilíbrio entre o trabalho e os estudos seria a chave para um futuro mais promissor.

Figura 15 – Ginásio Estadual Vital Brasil, Maringá (PR)

Fonte: Google Earth

Os anos de estudo no Ginásio foram marcados por experiências memoráveis e significativas. Estudar em uma instituição conceituada era um privilégio, e a comunidade escolar estava ativa e engajada. Mas o que mais me marcou foi o senso de comunidade entre os alunos. Organizávamos saraus dançantes aos domingos para arrecadar fundos para a nossa formatura, o que era uma oportunidade para todos os alunos se reunirem e se divertirem em um ambiente festivo e colaborativo.

Porém, como em muitas trajetórias, os desafios inesperados aparecem. Surgiu um fato triste que marcou o final desse ciclo. Nosso professor de português, que também atuava como coordenador das finanças do grêmio estudantil, infelizmente não cumpriu com suas responsabilidades financeiras. Este descaso resultou em um prejuízo para nossa tão esperada festa de formatura, ofuscando um pouco a alegria do término dessa fase. Apesar desse revés, consegui concluir o curso ginasial em 1968.

6.2 Primeiro emprego formal

Ao completar 17 anos, senti a pressão aumentar para contribuir mais com minha família. Precisava de um emprego que trouxesse mais segurança. Consegui trabalho em uma fábrica de engradados de bebidas, onde meu papel era lavar garrafas sem o uso de luvas, em água quente misturada com soda cáustica. Esse contato constante com a soda corroía minhas mãos, causando descamações dolorosas. Ainda assim, encarei o trabalho como um passo necessário, um sacrifício que eu estava disposto a fazer para o bem de todos.

Em 1966, consegui meu primeiro emprego formal, com carteira assinada, em uma empresa que fabricava engradados para bebidas. A conquista trouxe alegria e um senso de estabilidade, mas o trabalho envolvia novos desafios, como o uso de ferramentas perigosas, entre elas a serra fita de madeira. A cada dia, o risco de um acidente grave pairava sobre mim, mas a necessidade de continuar era maior. Saber que minha família dependia do meu esforço me dava forças para enfrentar o perigo diário.

Com o tempo, a empresa enfrentou dificuldades e acabou falindo. Perdi todos os meus direitos trabalhistas, o que foi um golpe duro. No entanto, eu sabia que não podia parar. Sem outra opção imediata, comecei a trabalhar como camelô, vendendo carnês de premiação semelhantes ao Baú da Felicidade. Essa nova empreitada exigia muita paciência e habilidade de persuasão. Eu percorria praças na minha cidade e, às vezes, viajava para outras localidades, sempre em busca de clientes. Cada venda realizada era uma pequena vitória e me ensinava a arte de lidar com a rejeição e o convencimento.

Em 1970, consegui um emprego como balconista em uma loja de tecidos no centro de Maringá. O comércio varejista me ofereceu uma nova perspectiva e oportunidades de aprendizado, além de um local mais estável e seguro, em comparação com minhas experiências anteriores. No entanto, o ambiente não era amigável. O gerente era extremamente sistemático e impiedoso; vigiava as vendas, e se os clientes não comprassem, ele não hesitava em repreender seus funcionários com ameaças de demissão. Apesar do clima hostil, eu precisava manter meu emprego e suportava o mau-humor do gerente com muita paciência

Dessa forma, aprendi a navegar com as tensões do ambiente de trabalho e a lidar com adversidades com calma e estratégia. Porque, cada desafio que enfrentei e cada ambiente hostil que atravessei, contribuíram para o meu crescimento pessoal e profissional, fortalecendo minha capacidade de enfrentar as dificuldades com dignidade e determinação.

6.3 Histórias de momentos inesquecíveis

Uma época muito especial da minha juventude aconteceu quando estava na faixa dos 18 e 20 anos de idade. Esse foi um período de autodescoberta e aventuras. Como um bom gaiteiro, eu costumava frequentar os bailinhos, tanto na cidade quanto na zona rural. Quando o sanfoneiro precisava de uma pausa, eu pegava a sanfona para manter a animação da festa. Enquanto ele descansava, eu tocava músicas mais modernas e aproveitava aquela ocasião para paquerar as meninas que estavam dançando no salão. Esses momentos ficaram gravados na minha memória como verdadeiras celebrações da vida!

Além disso, eu apreciava assistir a bons filmes da época, cantar músicas sertanejas e frequentar as quermesses da igreja do meu bairro. Esses eventos eram verdadeiras festas, cheias de música, comida típica e deliciosa. A atmosfera descontraída e festiva permitia que as conversas fluíssem, e as risadas se misturavam ao som das brincadeiras. Era um tempo de alegria e novas amizades, onde cada quermesse se tornava uma nova chance de viver momentos inesquecíveis e criar memórias que guardo com carinho até hoje.

Todavia, em alguns fins de semana, junto com os amigos daquela época, partíamos em busca de aventuras amorosas em cidades vizinhas, como Paiçandu, Iguatemi e Mandaguaçu. Para nos deslocar até essas cidades, utilizávamos ônibus como meio de transporte. A viagem em grupo era alegre e cheia de risadas, com boas expectativas das surpresas que poderiam ocorrer. Ao chegarmos nesses locais, deixávamos nos envolver pela energia daquele ambiente. Esses passeios se tornavam agradáveis experiências de diversão, onde cada novo encontro era uma história para contar e uma lembrança para guardar.

Certa vez, perdemos o último ônibus da noite de retorno de Paicandu para Maringá, e a única opção era esperar o dia amanhecer. No entanto, aconteceu um fato desagradável com um homem que dormia no banco da rodoviária. Ele acordou agitado e agressivo, ameaçando nossa integridade física. Em decorrência disso, optamos por evadir-nos do local e retornar para nossas casas a pé, num percurso de 10 km pela linha de trem. Esse foi um episódio inesperado, ao mesmo tempo cheio de aventuras.

Apesar do percalço, aquele dia acabou se tornando uma das melhores histórias da minha juventude, uma lembrança que certamente ficará para sempre na minha memória. Entretanto, é engraçado como até os momentos inesperados podem se transformar em recordações de aventuras vivenciadas.

6.4 Como surgiu a minha vocação para a medicina

Ao concluir o ensino fundamental em 1968, surgiram diversos fatores que contribuíram para a minha escolha profissional. Escolhi e decidi me dedicar às ciências biológicas, pois via nesse campo uma porta de entrada para o curso de medicina. Visto que, desde muito cedo, tive uma afinidade com ciências e biologia. Portanto, a medicina, com uma abordagem aprofundada nessas disciplinas, alinhava-se perfeitamente com meus interesses estudantis.

Por conseguinte, o principal motivo dessa escolha, foi o meu desejo de ajudar as pessoas e fazer uma diferença significativa em suas vidas. Visto que a medicina é uma profissão que permite impactar diretamente a vida das pessoas, e isso sempre foi algo que me atraiu. Portanto, com esses objetivos em mente, escolhi a área biológica no curso científico, que atualmente é conhecido como ensino médio. E dessa forma, em 1969, me matriculei no Colégio Estadual Dr. Gastão Vidigal, dando início à intensa jornada de estudos, que me levou à realização desse sonho.

Figura 16 – Colégio Estadual Dr. Gastão Vidigal de Maringá

Fonte: Secretaria da Educação do Paraná. http://www.mgagastaovidigal. seed. pr.gov.br/modules/conteudo/conteudo.php?conteudo=8. Acesso em: 22 out. 2011

Esse colégio, era dirigido pelo professor José Darci de Carvalho, um educador renomado que lecionava química inorgânica. Ele costumava dizer "que aprender química era mais fácil do que beber um copo d'água", destacando a abordagem acessível e eficaz de seu ensino. O colégio tinha uma excelente reputação e era amplamente procurado por estudantes que não podiam arcar com as mensalidades de escolas particulares, tornando-o uma opção atraente para muitos estudantes.

A grade curricular desse colégio incluía disciplinas obrigatórias como português, matemática, história, física, química, biologia, desenho, inglês e educação moral e cívica. Entre essas, matemática e biologia eram particularmente temidas, pois os professores eram extremamente rigorosos e as provas, bastante desafiadoras. Naquele tempo, as provas bimestrais eram impressas através de um mimeógrafo, um tipo de impressora manual que operava com tinta e álcool, um método que conferia um aspecto tradicional e artesanal às provas.

Figura 17 - Mimeógrafo Inesquecível

Fonte: https://infancia8090.blogspot.com/2011/01/o-inesquecivel-mimeografo.html. Acesso em: 1 jan. 2011

Entre tantas recordações, lembro-me com carinho do prazer que sentia ao ouvir o sinal do recreio. Era um momento de liberdade em meio à rotina escolar. Então, saíamos correndo das salas de aula em direção ao banheiro ou diretamente para o pátio do colégio. Lá, nos reuníamos para comer um lanche, beber um refrigerante e conversar com os amigos, aproveitando para relaxar e descontrair.

Foi uma fase repleta de aprendizados e de amizades duradouras, pois muitos desses colegas optaram por enfrentar o vestibular pelo mesmo curso que escolhi, a medicina. Ademais, é com grande satisfação que vejo que todos nós fomos bem-sucedidos em nossas escolhas pela mesma profissão.

Portanto, essas memórias proporcionaram-me uma visão fascinante do sistema educacional e das experiências vividas pelos estudantes daquela época. Elas foram fundamentais na formação da minha jornada de vida, moldando-me e ajudando a desenvolver habilidades valiosas que me acompanharam ao longo dos anos.

6.5 Em busca de um sonho

Então, em marco de 1972, embaquei em uma jornada repletade de sonhos e expectativas rumo a Curitiba, determinado a transformar em realidade meu maior desejo até aquele momento: ingressar no curso de medicina da Universidade Federal do Paraná. Cada passo que eu dava era movido pela esperança de um futuro melhor, mesmo diante das dificuldades financeiras e das limitações que me acompanhavam. Ao meu lado, estava Antônio Carlos Lugli, meu colega de colégio, que também compartilhava dessa mesma busca. Juntos, partimos com o coração cheio de ambição e a certeza de que, apesar dos desafios, poderíamos alcançar nossos sonhos

Ao chegarmos em Curitiba, fomos imediatamente confrontados com a necessidade de adaptação a um novo ambiente, radicalmente diferente do clima quente ao qual estávamos acostumados em Maringá. O rigoroso inverno curitibano, combinado com a sensação de estar em uma cidade relativamente deserta, porém grandiosa, foi um desafio inesperado. Naquela época, Curitiba, com seus pouco mais de 609 mil habitantes, parecia quase uma cidade fantasma, em comparação com a vibrante metrópole de hoje, com uma população estimada de 1.829.000 pessoas.

Alugamos um quarto em um modesto pensionato na Rua 13 de Maio, onde compartilhávamos o espaço com mais dois colegas vestibulandos. A simplicidade daquele lugar e de nossa rotina era algo que carregávamos conosco um misto de dificuldade e companheirismo. O nosso café da manhã era pão francês com manteiga e chá, algo simples, mas que sustentava não apenas nossos corpos, mas também, a força de vontade de continuar a lutar por nossos objetivos.

Ainda assim, o pensionato nos trouxe uma série de pequenos desafios. A dona da pensão, conhecida por sua intolerância, acrescentava uma camada extra de tensão à nossa rotina. Porém, mesmo diante desses obstáculos, a esperança de que estávamos no caminho certo nos mantinha firmes. Cada manhã que acordávamos, cada momento que nos preparávamos para iniciar a nossa trajetória, era uma nova oportunidade de sonhar mais alto.

Curitiba representava mais do que apenas um novo lugar para viver; ela simbolizava uma nova etapa em minha vida, cheia de possibilidades e de promessas de um futuro brilhante. Naquele período, eu sentia que, apesar das dificuldades, havia uma chama dentro de mim que me empurrava adiante. Era como se a cidade, com todo seu frio e quietude, estivesse me testando, me preparando para algo maior, algo que eu sentia cada vez mais próximo.

Essa fase foi marcada por uma busca incessante de conhecimento, mas também por uma profunda esperança de que, no final, todo o esforço e sacrifício valeriam a pena. Cada desafio era enfrentado com o olhar sonhador de quem sabia que o futuro estava cheio de possibilidades. Eu não estava apenas em busca de um diploma, mas de um propósito maior – o chamado que a medicina representava. E, a cada dia, eu me aproximava mais desse destino que tanto desejava alcançar.

6.6 Primeiro vestibular

Alguns dias após chegar a Curitiba, matriculei no cursinho pré-vestibular no Colégio Barddal. Naquele momento, sentia-me cheio de expectativas e entusiasmo. Sabia que aquele era o primeiro passo fundamental para alcançar o sonho que eu havia nutrido por tanto tempo: passar no vestibular, ingressar na faculdade de medicina e, assim, iniciar uma carreira que transformaria minha vida. A empolgação tomava conta de mim, e cada nova aula me enchia de esperança, como se estivesse cada vez mais perto de realizar o que tanto almejava.

No entanto, a vida às vezes nos surpreende de maneiras inesperadas. Pouco tempo após o início do cursinho, uma realidade dura se impôs. As péssimas condições de higiene do pensionato onde eu morava e a alimentação inadequada da cantina começaram a afetar minha saúde. O que inicialmente parecia apenas um incômodo foi se agravando rapidamente. Durante uma das aulas noturnas, tive um desmaio repentino, uma situação que exigiu socorro imediato.

Fui levado ao Hospital e Pronto Socorro Cajuru, onde os médicos descobriram que eu estava com hepatite. A internação se prolongou por quase 30 dias, um período que marcou profundamente minha trajetória. Sentia-me enfraquecido fisicamente, mas também emocionalmente, como se o meu corpo estivesse sucumbindo ao peso do sonho que parecia estar se afastando de mim. O hospital, com suas luzes frias e corredores silenciosos, tornou-se um lugar de introspecção. Lembro-me de passar horas olhando pela janela, tentando entender o porquê daquela interrupção tão repentina em minha vida.

Durante o período em que estive internado, as aulas continuaram sem mim. Perdi cerca de 40% do curso, um golpe devastador para as minhas chances de sucesso no vestibular. A frustração tomou conta de mim, e aquela certeza que antes tinha de que estava no caminho certo começou a se dissolver. Sentia-me desolado, como se o sonho estivesse se esvaindo por entre meus dedos. Foi um momento de profunda dor, não apenas física, mas também emocional. O sonho da medicina, que sempre havia sido meu norte, parecia agora uma miragem distante.

Mesmo em meio à recuperação, ainda determinado a não desistir, prestei o vestibular. No entanto, os efeitos da doença e a perda das aulas cobraram seu preço, e o tão desejado resultado não veio. Não fui aprovado. O sentimento de derrota foi esmagador, como se todo o esforço até ali tivesse sido em vão. Vi meu sonho escapar, e a sensação de fracasso pesava em meu coração.

Ainda assim, mesmo diante de tantas adversidades, havia uma parte de mim que se recusava a desistir. Sabia que aquele revés, por mais doloroso que fosse, não significava o fim. Era apenas mais uma curva no caminho. Tive que reunir forças para superar a decepção, olhar para o futuro e, mais uma vez, me preparar para recomeçar. O sonho da medicina, ainda que adiado, permanecia vivo dentro de mim.

Esses momentos, por mais difíceis que tenham sido, me ensinaram lições valiosas sobre resiliência e determinação. Eles moldaram minha visão de mundo e reforçaram em mim a convicção de que, por mais árdua que seja a jornada, o que realmente importa é a persistência e a capacidade de se levantar após cada queda.

6.7 Como recomeçar

Após aquele período de recuperação forçada, soube que o verdadeiro desafio seria saber como recomeçar; especialmente quando a decepção e a frustração nos empurram para um estado de desânimo e dificuldade em enxergar uma luz no fim do túnel. Eu me encontrava exatamente nesse ponto: sentindo que o sonho escapava das minhas mãos, como se tivesse dado um grande passo para trás. A esperança de ingressar na faculdade de medicina, que me acompanhava desde a juventude, parecia se dissolver.

Foi então que uma frase simples, mas poderosa, começou a ressoar em minha mente: *"Às vezes na vida é preciso dar um passo para trás para dar dois para frente"*. Isto se tornou uma alerta para mim. Essa ideia me ajudou a enxergar o fracasso não como um fim, mas como uma pausa estratégica e uma oportunidade para refletir e se reorganizar.

Dadas as circunstâncias, precisei abandonar os estudos e retornar à minha cidade natal. O pensamento que dominava minha mente era: "E agora? O sonho acabou, o dinheiro se esvaiu, o que fazer?". Em meio à sensação de desamparo, lembrei-me do poema clássico de Carlos Drummond de Andrade, "E AGORA, JOSÉ?"- uma reflexão crua sobre o vazio e a sensação de estar sem rumo

Em busca de forças, busquei consolo na presença de Deus, encontrando inspiração no Salmo 91:2: "O Senhor é meu refúgio e minha fortaleza, o meu Deus em quem confio." Essas palavras se tornaram um alicerce para aumentar minha fé e esperança para poder recomeçar.

No quintal da minha casa, havia uma pequena construção, com cerca de dois metros quadrados, que transformei em meu espaço de estudo. Nesse local, sem mais demora, comecei a revisar as apostilas do cursinho Barddal que havia trazido para casa. Esse ambiente tranquilo e dedicado, perto da minha família, permitiu-me aprofundar meu entendimento sobre muitos temas que não havia conseguido captar completamente durante os dias do cursinho.

Nesse processo de reconstrução, surgiu uma oportunidade que abriu um novo caminho: um curso gratuito de enfermagem oferecido pela Escola Caetano Munhoz da Rocha Neto, com uma duração de três meses. Aquilo era exatamente o que eu precisava para dar continuidade à minha jornada. Além de me proporcionar uma chance de ingressar no mercado de trabalho, o curso representava um passo crucial para o meu retorno à medicina.

Após a conclusão do curso, voltei a Curitiba, agora com um novo propósito. Estava determinado a encontrar um emprego que me permitisse financiar meus estudos e seguir adiante com meu sonho.

Foi então que, Graças a Deus e por indicação de dois amigos: Jorge Nisiide (in memoriam) e Elias Alves de Oliveira (in memoriam) que me apresentaram à chefia de enfermagem da Santa Casa de Misericórdia de Curitiba e consegui um emprego de atendente de enfermagem. Esses colegas, já trabalhavam nesse hospital e foram fundamentais para a minha contratação.

Aluguei um quarto em um pensionato na Rua 24 de maio, bem próximo ao hospital. Isso facilitava muito minha rotina, pois eu podia me concentrar no trabalho e nos estudos sem me preocupar tanto com deslocamentos. A proximidade com o hospital também simbolizava que eu estava mais perto de meu sonho, mesmo que de forma indireta.

Figura 18 – Meu amigo Jorge Nisiide (*in memoriam*), médico formado na PUC Curitiba em 1978

Fonte: foto cedida pela esposa

Naquela época, as Santas Casas de Misericórdia tinham um papel vital no sistema de saúde brasileiro, principalmente nas décadas de 1960 e 1970. Sustentadas por doações e movidas pelo espírito filantrópico, essas instituições atendiam a população carente e se destacavam pelo cuidado humanitário. A Santa Casa de Curitiba, onde comecei a trabalhar, não era diferente. Lá, o atendimento era conhecido pela dedicação e qualidade, e a instituição se tornara um refúgio para aqueles que precisavam de cuidados médicos.

Esse hospital recebia pacientes de todo o estado do Paraná e até de outras regiões, em busca de tratamento devido à grande reputação como um centro de referência com diversas especialidades. Pelo bom atendimento, a Irmandade da Santa Casa de Curitiba era conhecida por oferecer cuidados de saúde de alta qualidade e por sua capacidade de atender a uma ampla gama de especialidades médicas.

Quando iniciei meu trabalho na Santa Casa, em 1973, fiquei imerso em uma organização hierárquica bem estruturada. A administração era conduzida por um provedor, auxiliado por um tesoureiro e um secretário, e o serviço de enfermagem era supervisionado por irmãs de caridade. Essas irmãs dedicavam suas vidas ao cuidado dos pacientes, movidas pelo compromisso espiritual e pela compaixão. Elas moravam no hospital, numa área chamada clausura, onde realizavam suas orações e se preparavam para o serviço diário nas enfermarias.

No meu primeiro dia de trabalho, fui orientado pela chefia a cuidar de um paciente idoso com câncer, que precisava de um banho de leito. Aquilo foi um verdadeiro teste para mim. Eu me preparava com o carrinho de materiais luvas de pano, uma bacia com água morna e itens de higiene e, com um certo nervosismo, realizava a tarefa. Foi desafiador, mas, com o passar do tempo, fui ganhando confiança e habilidade.

Confesso que foi um desafio considerável me adaptar a esse novo ambiente, considerando as exigências da profissão. No entanto, à medida que os dias passavam, comecei a ganhar confiança e a desenvolver habilidades essenciais.

Minha rotina como atendente de enfermagem envolvia cuidar de cerca de 40 pacientes, cada um com necessidades diferentes. Entre as especialidades, havia clínica médica, otorrinolaringologia, oftalmologia e dermatologia. Meu trabalho era variado: desde dar banho de leito até administrar medicações e atender às necessidades diárias dos pacientes. Com cada dia de trabalho, aprendi mais sobre o cuidado com o ser humano, desenvolvendo um olhar atento às pequenas coisas que faziam uma grande diferença na recuperação dos pacientes.

Figura 19 — Santa Casa de Misericórdia de Curitiba

Fonte: www.fotografandocuritiba.combr. Acesso em: 27 ago. 2015

Figura 20 – Antigas enfermarias da Santa Casa de Misericórdia de Curitiba, sem data

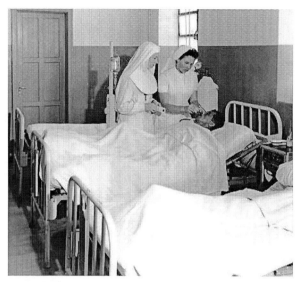

Fonte: acervo Santa Casa

Figura 21 – Antigas enfermarias da Santa Casa de Misericórdia de Curitiba, sem data

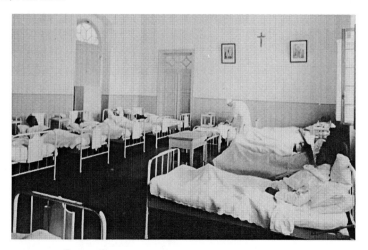

Fonte: acervo Santa Casa

O horário de trabalho era exaustivo turnos de 12 horas, seguidos por 36 horas de descanso mas, naquele momento, o cansaço era superado pelo sentimento de gratidão. Estava me aproximando, pouco a pouco, do meu objetivo final, e sabia que cada passo dado me levava mais perto de realizar meu sonho de ser médico. Aquelas experiências na Santa Casa de Curitiba, embora distantes do glamour que eu associava à medicina, me ensinaram que o cuidado com o outro é a verdadeira essência da profissão que eu tanto almejava.

6.8 Segundo vestibular

Naquele momento, muitos alunos que almejavam prestar vestibular enfrentavam uma barreira financeira significativa: não tinham condições de pagar as mensalidades dos cursinhos pré-vestibulares. Para superar esse obstáculo, muitos recorriam a bolsas de estudo, que proporcionavam a confiança e preparação necessárias para enfrentar as provas. E essa era exatamente a minha situação. Como pagar um cursinho se meu salário como atendente de enfermagem era inferior ao valor da mensalidade? A única saída que vislumbrei foi pleitear uma bolsa de estudos.

Minha primeira tentativa foi pedir uma bolsa de 50%, mas minha solicitação foi negada. Sem me deixar abater, recorri a um professor conhecido do cursinho, que gentilmente intercedeu por mim, e, graças a essa ajuda, consegui a tão desejada bolsa. Esse episódio reforçou em mim a importância de ter uma rede de contatos e o apoio de pessoas influentes em nossa trajetória. Muitas vezes, são essas conexões que nos abrem portas, especialmente em momentos de adversidade.

Com a bolsa garantida, organizei minha vida de forma que pudesse conciliar trabalho e estudo. Mudei meu turno no hospital para o período noturno, já que o cursinho oferecia um curso semi-intensivo mais completo pela manhã. Essa rotina começou em agosto de 1973, e, embora trabalhar à noite e estudar de manhã fosse cansativo, essa foi a estratégia necessária para continuar avançando em direção ao meu sonho.

O cursinho realizava simulados de vestibular a cada quinze dias, o que era essencial para medir o progresso de cada aluno. A cada teste, me posicionava entre os dez primeiros colocados da turma, o que me proporcionava um enorme incentivo. Esses bons resultados me davam não apenas confiança, mas também reforçavam a ideia de que todo o esforço estava valendo a pena. Essa sensação de estar no caminho certo me motivava a seguir com mais dedicação.

Cada simulado era uma oportunidade valiosa para identificar áreas que precisavam de mais atenção e para ajustar minhas estratégias de estudo. A constante avaliação ajudava a manter o foco e a resiliência necessária para enfrentar o desafio do vestibular. Dessa forma, a combinação de estudo diligente, trabalho noturno e a prática constante através dos simulados foi fundamental para minha preparação e sucesso na prova.

Em janeiro de 1974, prestei o vestibular de Medicina na Universidade Federal do Paraná. Para minha imensa alegria e surpresa, consegui alcançar o tão sonhado objetivo.

Após meses de intensa dedicação e esforço, ver meu nome na lista de aprovados foi um momento de realização e felicidade indescritíveis. A sensação de ter superado os desafios e barreiras financeiras e de ter conseguido conquistar uma vaga em um dos cursos mais concorridos fez todo o esforço valer a pena.

Este sucesso não apenas representou a concretização de um sonho pessoal, mas também confirmou a importância da perseverança e do suporte recebido ao longo do caminho.

No trote de calouros da Universidade Federal do Paraná, fomos recepcionados pelos veteranos, que organizaram uma série de brincadeiras tradicionais, como pintar com tinta, e jogar ovos e farinha nos novos calouros. A festa de recepção dos novos calouros, ocorreu na Praça Santos Andrade de Curitiba.

Figura 22 – Trote dos calouros de medicina na Universidade Federal do Paraná, em 1974, na Praça Santos Andrade, em Curitiba

Fonte: acervo do autor, recorte de jornais da época

CAPÍTULO VII

INÍCIO DA JORNADA ACADÊMICA

Após a minha aprovação no curso de Medicina da Universidade Federal do Paraná, minha vida tomou um rumo completamente novo. Era como se todas as dificuldades enfrentadas até ali tivessem finalmente dado lugar a um caminho de oportunidades. A sensação de vitória, de estar no caminho certo, era indescritível. Agradeci imensamente a Deus, que, em cada etapa, esteve ao meu lado, guiando-me com Sua mão protetora. A aprovação foi um marco, mas o que eu não sabia é que, além da medicina, algo maior estava prestes a florescer em minha vida – um sonho que eu sequer havia considerado: constituir uma família ao lado de alguém especial.

A notícia da minha aprovação ressoou pelo ambiente de trabalho, surpreendendo meus colegas. Para muitos, era quase inacreditável que um simples atendente de enfermagem tivesse alcançado um objetivo tão grandioso. Esse reconhecimento de que meu esforço havia valido a pena foi uma injeção de ânimo. Meus colegas de trabalho, com quem tanto aprendi, mostraram-se orgulhosos, e esse apoio foi crucial para que eu encarasse essa nova fase com ainda mais determinação.

Depois da minha aprovação no vestibular. mudei-me para uma república chamada "Recanto dos Anjos", na Rua Limenha Lins, em Curitiba, um espaço compartilhado com dois amigos que também trabalhavam na Santa Casa. Esse período marcou um recomeço cheio de expectativas e desafios. A faculdade exigia o máximo de mim, tanto mental quanto fisicamente, e conciliar os estudos com o trabalho de enfermagem era uma tarefa árdua. Mas cada sacrifício parecia me aproximar um pouco mais do sonho de me tornar médico.

7.1 As primeiras aulas no curso de medicina

As primeiras semanas na faculdade de Medicina foram intensas. As aulas eram eram distribuídas em diferentes blocos espalhados por vários bairros da cidade. Essa dispersão geográfica foi um desafio adicional para mim. Além de me adaptar ao ritmo intenso da nova rotina acadêmica, eu ainda precisava conciliar o trabalho como enfermeiro com os estudos da faculdade.

Confesso que era desafiador frequentar as aulas exausto e com sono, especialmente quando me comparava aos meus colegas, que muitas vezes estavam em condições mais favoráveis. No entanto, o fato de trabalhar na enfermagem teve um impacto positivo significativo em minha formação. Esse trabalho me proporcionou um contato direto e constante com os pacientes, oferecendo uma valiosa experiência clínica na área da medicina.

Figura 23 – Universidade Federal do Paraná na praça Santos Andrade

Fonte: Wikipédia. Disponível em: https://pt.wikipedia.org/wiki/Universidade_Federal_do_Paran%C3%A1#/media/Ficheiro:UFPR_vista_frontal.jpg. Acesso em: 12 mar. 2024

As aulas práticas de anatomia eram realizadas nos porões do prédio central da universidade, na Praça Santos Andrade (foto acima). Sem dúvida, essa foi uma experiência marcante e que certamente ficará para sempre na minha memória, pois o contato direto com um cadáver foi um momento carregado de emoções intensas, tanto positivas quanto negativas.

Ali, diante daquela realidade crua, a teoria dos livros ganhava vida. Foi uma oportunidade inestimável de aprender sobre o funcionamento do corpo humano de maneira muito real e concreta. A prática permitia uma compreensão profunda e detalhada da anatomia, algo que os livros e as teorias não poderiam transmitir com a mesma clareza. A experiência prática ajudou a transformar o conhecimento teórico em habilidades palpáveis e a conectar a teoria à prática clínica de uma forma direta.

Para comprender melhor a anatomia do corpo humano, era fundamental estudar primeiro a teoria e, em seguida, aplicar esse conhecimento na prática. Utilizávamos um atlas de anatomia para acompanhar as ilustrações, identificando as estruturas de cada órgão e suas respectivas funções. Esse método nos permitia correlacionar o conhecimento teórico com a realidade observada durante as dissecações, tornando o aprendizado mais eficaz e detalhado.

Trabalhar na Santa Casa enquanto estudava foi uma bênção valiosa. O contato constante com os pacientes me deu uma experiência prática que muitos dos meus colegas não tinham naquela fase inicial. Saber que eu já entendia o que era necessário para realizar um diagnóstico básico, enquanto muitos ainda estavam absorvendo a teoria, foi um diferencial que me fez valorizar cada segundo no hospital. As conversas com os médicos e as observações diárias me prepararam para o que viria adiante.

Além disso, tive a oportunidade de acompanhar médicos e professores da Santa Casa durante as visitas às enfermarias, uma experiência valiosa de aprendizado prático. Observar como eles interagiam com os pacientes, realizavam diagnósticos e administravam tratamentos me proporcionou uma visão detalhada sobre o cuidado clínico. Essa vivência complementou significativamente minha formação teórica e prática, enriquecendo minha compreensão do papel do profissional de saúde no atendimento aos pacientes.

7.2 Momentos de entretendimentos

Na faculdade, após o término das provas, vivíamos momentos incrivelmente divertidos e relaxantes nas nossas animadas rodinhas de happy hour com os amigos. Era um período mágico, repleto de risadas contagiantes, piadas hilárias e conversas animadas sobre tudo que acontecia em nossas vidas. Essas ocasiões eram uma verdadeira pausa revigorante, onde fortalecíamos laços e criávamos memórias inesquecíveis.

Nos finais de semana, podíamos frequentar a boate do nosso diretório acadêmico, que contava com uma pista de dança animada para os estudantes se divertirem. Esse espaço se tornou o ponto de encontro ideal para celebrar a vida universitária e aliviar o estresse acumulado durante a semana. As noites eram repletas de música, dança e a alegria de estar cercado por amigos, criando memórias que nos acompanhariam por toda a vida.

Por outro lado, a instituição onde eu trabalhava, a "Santa Casa de Misericórdia", promovia festas de confraternização para todos os funcionários nos finais de ano. Essas celebrações eram realizadas em uma encantadora chácara pertencente à instituição, transformando-se em uma oportunidade especial para relaxar e se conectar com os colegas de trabalho.

Esses eventos não só reforçavam os laços entre a equipe, mas também proporcionavam uma pausa revigorante da rotina, criando memórias calorosas e fortalecendo o espírito de camaradagem. Sem dúvida, essas festas eram um destaque do ano, uma celebração da dedicação e do trabalho em equipe!

E foi exatamente em uma dessas festas que tive a oportunidade de conhecer a minha namorada, que mais tarde se tornaria a minha futura esposa. Ela trabalhava como auxiliar de enfermagem no mesmo hospital onde eu trabalhava. E, desde aquele evento, algo especial surgiu entre nós. E ali, entre sorrisos e trocas de olhares, nasceu um novo sonho o de construir uma família com a Roseni, o amor da minha vida

No dia 21 de dezembro de 1974, tivemos nosso primeiro encontro. Caminhamos pelas ruas de Curitiba, conversamos sobre nossos sonhos, nossas trajetórias, e senti, pela primeira vez, que havia algo maior reservado para mim do que a medicina.

Na semana seguinte, tivemos o prazer de assistir a um filme no Cine Lido: *Romeu e Julieta*, um verdadeiro clássico da época. Esse início de relacionamento foi mágico, e aquelas experiências compartilhadas em um cenário tão emblemático se tornaram memórias preciosas, que sempre trago comigo com muito carinho.

A Roseni representou uma mudança de trajetória, um novo destino que eu não havia planejado, mas que se tornou tão importante quanto a medicina. Ao lado dela, percebi que a vida tem mais camadas do que imaginamos. O sonho de ser médico se manteve firme, mas o desejo de formar uma família, de compartilhar conquistas e desafios com alguém especial, começou a crescer dentro de mim. Ela trouxe luz para o meu caminho, e, um novo objetivo suergiu em meu coração: construir uma vida plena ao lado de quem eu amava.

Conciliar o trabalho extenuante na enfermagem, as exigências acadêmicas e o início de um relacionamento foram desafiador, mas ao mesmo tempo, era tudo o que eu precisava para continuar avançando. A Roseni se tornou uma parceira incrível, alguém que me apoiava, me incentivava a seguir em frente, mesmo nos dias mais difíceis.

Figura 24 – Luiz Nery e Roseni das Graças Kubersky no Parque do Ingá – Maringá (1975)

Fonte: arquivo do autor

7.3 Primeiros estágios não obrigatórios

Os meus primeiros estágios práticos não obrigatórios no curso de medicina iniciaram-se a partir do terceiro ano da graduação, no Hospital e Pronto Socorro Cajuru, em Curitiba em 1976.

Figura 25 – Hospital e Pronto Socoro Cajuru de Curitiba

Fonte: https://www.fotografandocuritiba.com.br/2015/12/hospital-universi- tario-cajuru.html

Curiosamente, foi o mesmo hospital onde estive internado em 1972 por um problema de saúde. Durante o estágio, aprendi a realizar consultas, suturas, confeccionar gessos e fazer prescrições médicas, sempre sob a supervisão do chefe de plantão.

Esses dois anos foram extremamente proveitosos e fundamentais para a minha futura profissão. Além disso, não apenas consolidou meu aprendizado, mas também fortaleceu minha paixão pela Medicina.

Com as amizades que desenvolvi com alguns médicos do corpo clínico do hospital, passei a ser convidado para auxiliar em procedimentos realizados em hospitais particulares, o que me permitiu adquirir habilidade e experiência na clínica cirúrgica.

A partir do quarto ano do curso de Medicina, iniciei um novo estágio, dessa vez na Maternidade Curitiba, com duração de dois anos. Durante esse período, tive a oportunidade de prestar assistência às gestantes em trabalho de parto e auxiliar os médicos plantonistas em procedimentos obstétricos.

Figura 26 – Maternidade Curitiba

Fonte: https://ics.curitiba.org.br/ics-credencia-nova-maternidade/. Acesso em: 22 jun. 2019

A vivência prática nessa maternidade serviu como base sólida para a escolha da minha especialidade: ginecologia e obstetrícia.

7.4 Estágio obrigatório do curso de medicina

Em 1979, iniciei os estágios obrigatórios do curso no sexto ano da faculdade e já tinha certeza da especialidade que escolheria no concurso da residência médica.

Durante esse período, passei por diversos estágios: pediatria, clínica médica, clínica cirúrgica e ginecologia e obstetrícia. Participávamos ativamente de atividades práticas, realizando anamnese e participando de reuniões clínicas, o que enriquecia nossa formação.

7.5 Um acontecimento especial na minha vida

No mesmo ano da minha formatura, no dia 01/09/1979, aconteceu um dos momentos mais felizes da minha vida: o meu casamento com a senhorita Roseni das Graças Kubersky. Foi uma linda festa, celebrada com muita alegria e amor, cercada pelo carinho dos nossos familiares e amigos.

Tanto é que a felicidade daquele momento permanece viva em meu coração para sempre. Por isso, quero deixar aqui a minha eterna gratidão a Deus pela nossa feliz união matrimonial, pois trouxe muito brilho, harmonia e amor para as nossas vidas.

Figura 27 – Casamento de Luiz Nery e Roseni das Graças Kubersky (01/09/1979)

Fonte: arquivo do autor

CAPÍTILO VIII

GRADUAÇÃO EM MEDICINA

Enfim, chegou o grande dia da minha graduação em Medicina, um sonho que se tornou realidade! A emoção transbordava enquanto eu subia ao palco para receber o tão sonhado diploma de médico, cercado por amigos e familiares. Esse momento foi a realização de um sonho, mas também o início de uma nova missão, com amor e responsabilidade.

Portanto, sinto-me profundamente grato, primeiramente a Deus, o Criador do universo, que me deu saúde e sabedoria e me guiou nos caminhos dessa jornada incrível. Visto que cada desafio superado, cada noite de estudo e cada estágio vivido contribuíram muito para este momento especial. Este diploma não representa apenas uma conquista pessoal, mas também a realização de um compromisso com a Medicina, bem como o cuidado ao próximo. Estou animado para o futuro e pronto para fazer a diferença na vida das pessoas!

Figura 28 – Hospital de Clínicas de Curitiba da Universidade Federal do Paraná

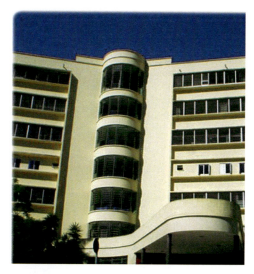

Fonte: Guia Geográfico – Curitiba, Paraná

Figura 29 – Luiz Nery, foto de formatura em Medicina (1979)

Fonte: arquivo do autor

É com muita gratidão, que agradeço aos meus familiares, que sempre estiveram ao meu lado durante toda a jornada, me apoiando e incentivando a seguir em frente.

Aos meus pais; Felício Nery e Aldemia Fratta Nery que me deram a base sólida para construir meu futuro, são verdadeiros pilares em minha vida.

Aos meus irmãos e irmãs: Tereza, Luzia, Yolanda, Moacir, Maria Luiza, Glória e Armando, que acompanharam minha trajetória ao longo desses anos.

A minha esposa Roseni e aos meus filhos; Karin, Marlon e Maikel que sempre me incentivaram a proseguir nos meus sonhos.

Aos meus amigos, que estiveram ao meu lado desde o início desta jornada, expresso minha gratidão eterna. Vocês foram minha fonte de motivação nos momentos de desânimo e minha alegria em cada vitória compartilhada. Lembro-me de cada gargalhada nas sessões de estudo, cada palavra encorajadora nas horas de pressão. Vocês não foram apenas companheiros de estudo, mas irmãos nessa caminhada.

Não posso deixar de agradecer também aos meus professores, verdadeiros mestres que foram mais do que instrutores foram mentores, inspiradores. Vocês não apenas transmitiram conhecimento, mas plantaram em nós a semente de sermos melhores, tanto na profissão quanto como seres humanos. A cada aula, a cada experiência compartilhada, vocês pavimentaram o caminho para que chegássemos até aqui. Meu profundo respeito e gratidão a cada um de vocês.

Hoje, ao olhar para trás, vejo que essa realização não é apenas minha. Ela pertence a todos vocês que, de alguma forma, fizeram parte dessa história. Cada sacrifício, cada palavra de encorajamento, cada gesto de amor – tudo isso construiu o que sou hoje. Vocês estiveram ao meu lado em cada passo, celebraram minhas vitórias e me apoiaram nas dificuldades. E agora, ao concluir essa fase, sinto-me mais comprometido do que nunca em retribuir tudo o que recebi.

Enfim, ao concluir esta etapa da minha jornada, quero retribuir com todo o amor e carinho, o apoio que recebi. Pois, estou comprometido em fazer a diferença na vida de cada paciente que cruzar meu caminho, oferecendo não apenas tratamento, mas também empatia e compreensão. Contudo, o meu objetivo é honrar todos que me ajudaram a chegar até aqui, utilizando o conhecimento e as habilidades que adquiri para promover a saúde e o bem-estar.

CAPÍTULO IX

INÍCIO DA CARREIRA PROFISSIONAL

Na medida em que o estudante termina a faculdade, surge a grande dúvida: quais são as oportunidades de trabalho. No meu caso, como já era casado decidir entrar para as forças armadas, porque me dava uma segurança provisória. Na época após a conclusão da graduação, essa instituição fazia seleção dos estudantes de medicina, odontologia, farmácia e veterinária para o ingresso de militares temporários.

Desse modo, após me formar em Medicina, decidi ingressar nas Forças Armadas, onde comecei como Aspirante a Oficial e logo fui promovido a 2º Tenente Médico. Para um médico recém-formado, essa foi uma excelente oportunidade de iniciar a carreira, além de ser uma honra servir às forças militares do meu país.

Figura 30 - Foto serviço militar 2o Tenente Médico (1980) na 5a Cia Com Bld

Fonte: Quartel do Portão de Curitiba

O contato com o ambiente militar me proporcionou disciplina, organização e um forte senso de responsabilidade. Além disso, o salário que recebi na corporação me permitiu realizar um sonho: comprei meu primeiro carro, um Chevette 1980. Um símbolo de conquista pessoal, fruto do esforço e das decisões tomadas até ali. Cada pequena vitória era um lembrete de que, apesar das incertezas, eu estava no caminho certo, construindo passo a passo o futuro que sempre almejei.

Minha principal função era prestar assistência médica aos militares da companhia, além de participar das atividades das tropas em acampamentos fora dos quartéis e dar curso de formação sanitária aos integrantes da tropa.

Como a minha jornada de trabalho no Exército Brasileiro era no período da manhã, foi possível realizar estagios não renumerado em forma de plantão em obstetrícia no Hospital e Maternidade Santa Brígida. Neste hospital, eu atendia consultas de pré-natal, acompanhava as gestantes em trabalho de parto e realizava cesarianas quando necessário.

9.1 Especialização Latu Sensu

Após a graduação, minha sede de conhecimento não parou. Decidi me especializar em ginecologia e obstetrícia, buscando sempre aprimorar minhas habilidades e oferecer o melhor atendimento as minhas pacientes.

Em 1981, prestei o concurso para residência médica em Ginecologia e Obstetrícia no Hospital de Clínicas de Curitiba com duraçao de dois anos.

Essa nova etapa da minha formação, foi uma experiência desafiadora, mas extremamente gratificante. Aprendi muito sobre ginecologia e obstetrícia e tive a oportunidade de trabalhar com profissionais de excelência, que não apenas compartilharam seus conhecimentos, mas também me inspiraram a buscar sempre mais. Essa convivência me fez perceber que o aprendizado nunca se esgota e que cada novo desafio é uma chance de se reinventar.

A residência médica foi essencial para minha formação como profissional, proporcionando-me o conhecimento e as habilidades fundamentais para atender às necessidades de saúde das mulheres em todas as fases da vida.

9.2 Retono a cidade de origem

Após o término de minha residência médica, tomei uma decisão muito importante: deixei a capital do Paraná, em 18 de março de 1983, para iniciar a minha atuação profissional na minha cidade natal; Maringá. O proprosito de eu escolher essa cidade, foi a oportunidade de emprego e também ficar perto de meus pais, que contavam ansiosamente pelo meu retorno.

A sensação de voltar para casa era ao mesmo tempo emocionante e desafiadora; eu sabia que enfrentaria um novo capítulo na minha vida.

Entretanto, precisei deixar a minha esposa e meus dois filhos pequenos em Curitiba, a fim de assumir um emprego na Secretaria de Saúde de Maringá, tendo em vista que, naquela época, ela trabalhava no Hospital Geral do Exército como auxiliar de enfermagem.

Foi um período difícil estar longe da minha família e suportar essa saudade. A cada 15 dias, viajava de ônibus para visitá-los, pois a distância era realmente grande. A espera e a ansiedade pelo reencontro pesavam, mas a certeza de que estava fazendo a escolha certa para o futuro de todos nós me mantinha firme.

Após onze meses de separação pela distância, minha esposa passou em um concurso público e foi convocada para assumir o cargo de Assistente Social no INSS de Maringá. Diante disso, perto da família, passei a trabalhar com mais tranquilidade e entusiasmo.

No começo, foi muito difícil, pois o emprego na Secretaria de Saúde não era suficiente para cobrir todas as minhas despesas. Por isso, para complementar a renda, passei a atuar como médico plantonista no pronto atendimento da mesma Secretaria. Trabalhava intensamente aos sábados, domingos e feriados em turnos de 12 horas, realizando consultas e diversos procedimentos médicos. Cada paciente que atendia despertava uma nova oportunidade de impactar vidas e contribuir para a saúde da cidade que eu tanto amava.

Como não tinha condições financeiras suficientes para montar meu próprio consultório, um médico experiente da cidade, Dr. Galileu Pasquinelli (in memoriam), gentilmente me cedeu espaço em seu consultório particular. Essa oportunidade foi fundamental para minha adaptação, pelo qual sou etenamente grato.

Por conseguinte, passei a atender pacientes conveniados do Instituto de Previdência do Estado (IPE), o que me permitiu iniciar minha prática médica e construir minha carreira.

Após três anos de atuação em Maringá, consegui autorização para atender consultas de pacientes conveniados do Instituto Nacional de Assistência Médica da Previdência Social (INAMPS). Posteriormente, passei a realizar perícias médicas para o Instituto Nacional do Seguro Social (INSS), visando aumentar meu rendimento.

Cada passo que dava era uma reafirmação do meu compromisso em fazer a diferença na saúde da minha cidade, um desejo que sempre ardeu em meu coração desde o início da minha jornada.

9.3 Integrante do corpo clínico hospitalar

Infelizmente, naquela época, havia um forte corporativismo médico em alguns hospitais da cidade, e, para um médico recém-chegado, era essencial fazer parte do corpo clínico daquela instituição. No entanto, alguns diretores, com atitudes corporativistas, dificultavam a entrada de novos profissionais, criando barreiras para a integração. Essa inclusão no corpo clínico era uma condição fundamental para internar pacientes e realizar procedimentos cirúrgicos, tornando o processo de inserção ainda mais desafiador para quem estava começando a carreira.

Em 1986, fui convidado pelos médicos Minao Okawa e Kioti Kuroda (in memoriam) a me tornar acionista do Hospital Paraná, um convite que representava uma luz no fim do túnel e uma oportunidade valiosa de crescimento. Expresso aqui minha eterna gratidão a eles. Posteriormente, esses dois colegas médicos me convidaram a integrar o corpo clínico da Clínica São Francisco, onde eles trabalhavam. Fazer parte dessa equipe foi uma experiência enriquecedora e gratificante, pois éramos uma equipe dedicada e comprometida em oferecer o melhor serviço médico aos pacientes. O sentimento de pertencimento e a vontade de fazer a diferença se tornaram ainda mais fortes nesse ambiente colaborativo.

Porém, em 1991, deixei a Clínica São Francisco para abrir meu próprio consultório particular, construído em parceria com outros médicos, onde trabalhei por longos anos. Essa decisão foi um marco na minha carreira, um passo audacioso em busca da autonomia profissional e da realização do meu sonho de impactar a saúde da comunidade de maneira mais direta.

Figura 31 – Foto da minha atuação como médico obstetra

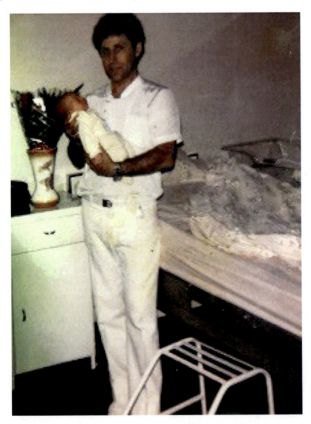

Fonte: arquivo do autor

9.4 Momentos de descontração com a família

Na década de 90, após o expediente e nos finais de semana, eu costumava interagir com meus filhos. Ah, esses momentos eram verdadeiros respiros em meio ao caos do trabalho! Eles pulavam na cama ou em cima do sofá fazendo uma bagunça na casa. Eles amavam brincar comigo, e as risadas eram sempre garantidas.

Uma das brincadeiras que mais os divertia era a chamada "boca de fogo". Para essa brincadeira, eu vestia uma capa vermelha, colocava um palito de fósforo em brasa entre os dentes e apagava as luzes, transformando o ambiente em um verdadeiro espetáculo de sustos e surpresas. Os olhos deles brilhavam de empolgação e eles sempre pediam para repetir; era como se eu fosse o grande mágico da casa!

Outra diversão era montar nas minhas costas e brincar de cavalinho, e claro, o nosso gato, Romeu, sempre fazia parte da festa, correndo atrás dos pequenos. Esses momentos de pura descontração eram a razão pela qual eu trabalhava tão duro.

Durante as férias escolares, aproveitávamos para viajar de carro por diversas regiões do Sul do Brasil, em busca de novas aventuras e entretenimentos.

Em especial, viajamos diversas vezes para as praias do litoral catarinense, juntamente com demais familiares, entre irmãos e sobrinhos da mesma idade. Portanto, foram instantes agradáveis de descontração, que deixaram em nós e nas crianças, memórias afetivas inesquecíveis.

Esses momentos juntos, contribuíram para fortalecer ainda mais, nossos laços de união familiar.

Figura 32 – Luiz, com sua filha Karin Juliana, no colo com apenas 2 anos de idade, na cidade de Maringá

Fonte: arquivo do autor

Figura 33 – Luiz com seu filho Marlon de 12 anos de idade em 1995 em Maringá

Fonte: arquivo do autor

Figura 34 – Luiz com seu filho Maikel de 4 anos de idade em 1991

Fonte: arquivo do autor

CAPÍTULO X

INÍCIO DA CARREIRA UNIVERSITÁRIA

Aqui começou uma nova etapa na minha vida. Foi o início de um novo capítulo, onde pude não apenas aprimorar minha vida profissional, mas também contribuir para a formação de novos médicos que viriam a se formar.

Em 1993, fui selecionado para o cargo de professor colaborador da disciplina de Ginecologia, Obstetrícia e Reprodução Humana na Universidade Estadual de Maringá. Essa escolha foi o marco inicial da minha carreira como professor de nível superior, permitindo-me levar meus conhecimentos e experiências para a formação de novos profissionais. Como médico mais experiente, espero ter contribuído não apenas para o conhecimento técnico, mas também para a formação profissional e moral daqueles que, assim como eu, enxergam na medicina uma vocação dedicada ao próximo.

Posteriormente, em 1994, fui aprovado em dois concursos públicos na mesma universidade: um para o cargo de médico técnico e outro para o de professor de nível superior. Essas conquistas marcaram um importante avanço na minha carreira, permitindo expandir minhas atividades profissionais e acadêmicas.

Sendo assim, após a minha efetivação nos cargos públicos mencionados, inicialmente, passei a fazer parte do quadro de funcionários efetivos dessa mesma universidade. Atuei como médico plantonista no Hospital Universitário de Maringá, onde atendia pacientes em situações de urgência e emergência nas áreas de ginecologia e obstetrícia. Durante 16 anos, dediquei-me a oferecer cuidados de qualidade e apoio em momentos críticos, quando me deliguei desse cargo em virtude da aposentadoria.

Em em março de 1994, iniciei minha trajetória como professor universitário efetivo de Medicina da Universidade Estadual de Maringá; disciplinas de Ginecologia, Obstetrícia e Reprodução Humana. Essa experiência foi enriquecedora, permitindo-me compartilhar conhecimentos e interagir com alunos, além de contribuir para a formação de futuros profissionais da saúde.

Acredito que, assim como eu, esses novos médicos levarão adiante a missão de cuidar e fazer a diferença na vida das pessoas.

Figura 35 — A Universidade Estadual de Maringá (UEM)

Fonte: Assessoria de Comunicação da UEM

Figura 36 – Professor da Universidade Estadual de Maringá – Curso de Medicina

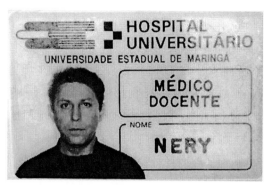

Fonte: arquivo do autor

10.1 Títulos de especializações

No ano de 1996, obtive o título de especialista em Ginecologia e Obstetrícia pela Associação Médica Brasileira e pela Federação Brasileira das Sociedades de Ginecologia e Obstetrícia.

Posteriormente, me capacitei em ultrassonografia geral, ginecológica e obstétrica, na cidade de Ribeirão Preto, e em 1997 obtive habilitação em Medicina fetal pela Sociedade Brasileira de Medicina Fetal (SOBRAMEF).

E, em 2001, obtive o título de Habilitação em Ultrassonografia pela Associação Médica Brasileira, pelo Colégio Brasileiro de Radiologia, pela Federação Brasileira das Sociedades de Ginecologia e Obstetrícia.

Tudo isso fortaleceu ainda mais minha complementação nessas áreas, permitindo-me oferecer um diagnóstico mais preciso e completo das minhas pacientes.

Com cada conquista, sentia que estava não apenas expandindo meu conhecimento, mas também me preparando para fazer a diferença na vida das pacientes.

10.2 Capacitação profissional

Uma carreira de docente, demanda uma expansão de conhecimentos especializados na área de atuação e uma metodologia eficaz para transmitir esse saber aos alunos de graduação. Com o objetivo de aprimorar minha formação e desenvolver competências pedagógicas, optei por fazer uma pós-graduação *stricto sensu*, na Escola Paulista de Medicina (Unifesp). Essa escolha refletiu meu compromisso em proporcionar uma educação de qualidade e em me tornar um educador mais capacitado.

Em 1997, após enfrentar um rigoroso processo de seleção conduzido por uma equipe multidisciplinar. Recebi com grande satisfação o aceite da UNIFESP e iniciei minhas pesquisas, utilizando principalmente bases de dados como a BIREME e sites indexados de medicina.

Dessa forma, eu tive o privilégio de realizar a minha pós-graduação na Escola Paulista de Medicina, uma instituição de excelência que moldou minha visão e aprofundou meu conhecimento na área de Obstetrícia; com ênfase em Medicina Fetal. A escolha dessa renomada escola se deu pela reputação e pela infraestrutura que ela oferece para a pesquisa e formação de profissionais de alto nível, aspectos que sempre admirei e almejei em minha carreira.

Durante esse período, enfrentei diversos desafios, sendo o mais significativo o deslocamento de ônibus da minha cidade até São Paulo, uma distância de aproximadamente 650 km. A saudade da minha família era constante, e estar longe deles, especialmente em momentos importantes, tornava a jornada ainda mais difícil. Porém, sabia que esse sacrifício era necessário para alcançar meus objetivos profissionais. Apesar das dificuldades, cada viagem, cada aula presencial e cada pesquisa realizada na biblioteca da universidade foram repletas de aprendizado e determinação. Valeu a pena todo esse esforço de dedicação e resiliência.

No mestrado, fui orientado pelo Prof. Dr. Antônio Fernandes Moron e pelo coorientador Prof. Dr. Luiz Kulay Junior, cuja experiências e dedicação foram fundamentais para o desenvolvimento de minha pesquisa, intitulada "Análise do Crescimento Fetal baseado no Diâmetro Transverso do Cerebelo através da ultrassonografia". Com orientação rigorosa e sensível desses magníficos mestres do saber, fui desafiado a explorar novas abordagens e aprofundar minha compreensão dos conceitos teóricos e práticos que sustentam o campo da minha área de pesquisa. O trabalho desenvolvido foi aprovado em 1999, resultando em menções de louvor, como publicações na revista brasileira de ginecologia e obstetrícia (RBGO - v. 22, nº 5, 2000).

Dando continuidade a essa trajetória de aprendizado e aperfeiçoamento, iniciei meu doutorado também sob a orientação do Prof. Dr. Antônio Fernandes Moron e pelo coorientador Prof. Dr. Luiz Kulay Junior, cuja experiências e dedicação foram fundamentais para o desenvolvimento de minha pesquisa, intitulada "Predição da Restrição do Crescimento Fetal pela Biometria do Diâmetro do Cerebelo", defendida com sucesso em 2002 e publicada na revista brasileira de ginecologia e obstetrícia (RBGO - v. 26, nº 5, 2004).

Essa fase foi marcada por um aprofundamento ainda maior nas questões científicas que sempre me inquietaram, e, com o apoio de um grupo de pesquisadores dedicados, pude realizar estudos inovadores que contribuíram de forma significativa para a área da Medicina Fetal.

Figura 37 – Defesa da tese de doutorado em Medicina, em 2002, pela Unifesp (Escola Paulista de Medicina)

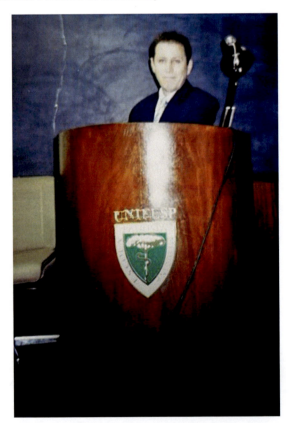

Fonte: arquivo do autor

A coordenação do curso de pós-graduação foi essencial ao longo dessa jornada, sob a supervisão do Prof. Dr. Antônio Fernandes Moron que me ofereceu suporte institucional e administrativo que possibilitou a condução eficaz de minhas atividades acadêmicas e científicas. O papel de liderança desempenhado por ele garantiu um ambiente colaborativo e propício ao desenvolvimento de pesquisas de ponta.

Essa trajetória na Escola Paulista de Medicina foi, sem dúvida, transformadora tanto em minha vida profissional quanto pessoal. As experiências adquiridas e o conhecimento compartilhado com grandes mestres me prepararam para os desafios futuros, consolidando minha vocação para a pesquisa e para a atuação em "Medicina Fetal". Sou profundamente grato a todos pelo apoio recebido ao longo dessa caminhada e por poder fazer parte de uma comunidade acadêmica tão inspiradora.

Essa experiência não apenas enriqueceu meus conhecimentos acadêmico, mas também fortaleceu minha paixão pela docência e pesquisa. E além disso, me proporcionou a oportunidade de compartilhar meus conhecimentos e experiências com os meus alunos.

Posteriormente, assumi a coordenação do ambulatório de Gestação de Alto Risco do Hospital Universitário de Maringá. Nesse cargo, atuei em estreita colaboração com alunos e residentes do curso de medicina; proporcionando um ambiente de aprendizado prático e integrando a teoria à prática clínica. Paralelamente, continuei a desenvolver projetos de pesquisa e extensão, contribuindo para o avanço do conhecimento na área e para a formação de profissionais capacitados. Essa experiência consolidou meu compromisso com a educação e a saúde pública.

10.3 Reflexão da Pós-graduação na Docência

A conclusão da minha pós-graduação, foi um verdadeiro divisor de águas na minha carreira como professor universitário. Pois, esses momentos representaram não apenas o culminar de anos de pesquisa e dedicação, mas também a realização de um sonho que eu perseguia com fervor.

Durante essa jornada, mergulhei de cabeça em uma área fascinante da medicina "Medicina Fetal". Que por sua vez, investiga malformações fetais durante a gestação. Essa especialização me permitiu explorar um campo ainda pouco abordado, despertando minha curiosidade e paixão por contribuir com novos conhecimentos e práticas.

Além disso, tive a oportunidade de me aprimorar em ultrassonografia avançada e testes genéticos, ferramentas que me possibilitam identificar anomalias fetais de maneira mais precisa e eficaz. O impacto que isso pode ter na vida das gestantes e de seus bebês é imenso. Por isso, me sinto extremamente motivado por fazer a diferença na saúde e no bem-estar dessas famílias.

Dessa forma, ao longo da minha linha de pesquisa, tive a oportunidade de observar novas descobertas na medicina fetal, que abordam tanto aspectos diagnósticos quanto terapêuticos. Essas inovações não apenas ampliaram meu conhecimento, mas também me permitiram entender melhor as complexidades e os desafios dessa área.

Por outro lado, a troca de experiências com profissionais renomados foi igualmente fundamental para o meu crescimento. Pois, cada interação trouxe novas perspectivas, insights valiosos e um incentivo constante para aprofundar meu trabalho. Por essas colaborações não apenas enriqueceram minha pesquisa, mas também fortaleceram minha rede profissional, criando um ambiente de aprendizado e inovação contínua.

10.4 Reflexão "professor universitário"

Ao longo desses 28 anos como professor universitário no curso de Medicina da Universidade Estadual de Maringá, tive a oportunidade de contribuir significativamente para o meu desenvolvimento profissional como docente. Essa trajetória não apenas promoveu meu crescimento pessoal e acadêmico, mas também fortaleceu minha conexão com a instituição.

A experiência de ensinar e guiar futuros médicos é profundamente gratificante e desafiadora. A interação com os alunos me ensinou novas lições, ampliando minha visão sobre a educação e a prática médica. A troca de conhecimentos e ideias enriqueceu não apenas minha carreira, mas também a cultura acadêmica da universidade. Por isso, estou imensamente grato por essa jornada, que continua a moldar minha vida e a inspirar meu compromisso com a educação e a formação de profissionais dedicados à saúde.

Por fim, ao me aposentar desta nobre carreira, sinto um imenso orgulho do que realizei ao longo desses anos como professor da Universidade Estadual de Maringá. Tenho a certeza de que contribuí para a formação de diversos profissionais médicos. Por isso, sempre tive um profundo orgulho de fazer parte do quadro de docentes dessa instituição de ensino, que é uma Universidade de renome nacional e reconhecida entre as melhores universidades do Brasil.

CAPÍTULO XI

HOBBIES E PAIXÕES

Ao longo da minha vida, tive várias paixões: ouvir música e tocar acordeão. Tocar acordeão é uma das minhas habilidades e me faz recordar a época em que tocava nos bailes da minha cidade. Esse hobby é uma paixão que me enriquece e me conecta com o mundo ao meu redor.

Figura 38 – Luiz em um de seu momentos de lazer com sua acordeão de 120 baixos em 1998

Fonte: do autor

A música, sem dúvida, é uma das minhas grandes paixões. Ela tem esse poder mágico de nos transportar para lugares distantes e de despertar emoções que nem sabíamos que existiam. Quando ouço uma boa melodia ou toco uma canção que gosto, encontro paz e alegria, melhorando meu humor e tornando meus dias mais agradáveis. Não tem nada melhor do que deixar as preocupações de lado e se perder em uma boa música!

Outra paixão que sempre me acompanhou é o futebol. Jogar uma partida com amigos é mais do que um simples jogo; é uma explosão de adrenalina e uma dose de camaradagem que traz felicidade e saúde. A sensação de marcar um gol ou dar um passe certeiro é incomparável! E, claro, assistir a bons filmes é um prazer que nunca sai de moda. Cada história e cada personagem nos oferecem uma oportunidade de escapar para novos mundos e explorar diferentes perspectivas.

Figura 39 – O autor como integrante do time de futebol dos funcionários da Santa Casa de Curitiba em um jogo (Itajaí-SC, 1976)

Fonte: arquivo do autor

Outro hobby importante que destaco; são as viagens que fiz com minha família ao longo desses anos. Conheci lugares lindos e maravilhosos; pude contemplar novas culturas, experimentar vários sabores e fazer amigos ao redor do mundo que enriqueceu minha vida de maneiras que eu nunca poderia imaginar. Além disso, viajar nos proporciona uma sensação de liberdade e bem-estar. Cada viagem foi uma aventura repleta de aprendizados e memórias inesquecíveis. Essas paixões moldaram quem eu sou e me proporcionaram momentos de pura alegria e satisfação!

Ao longo dessas viagens, tive a alegria de conhecer países maravilhosos na Ásia e na Europa, onde pude me maravilhar com paisagens deslumbrantes e vivenciar tradições enriquecedoras. Viajamos também para os Estados Unidos da América e o Canadá, onde a diversidade cultural e as paisagens naturais me deixaram impressionado. Além disso, explorei países da América Latina, como Buenos Aires e Montevidéu, onde a rica história e a vibrante cultura me conectaram ainda mais com o mundo.

Essas paixões moldaram quem eu sou e me proporcionaram momentos de pura alegria e satisfação. A vida é feita dessas pequenas coisas: da música que nos faz dançar, dos amigos que jogamos futebol, dos filmes que nos emocionam e das viagens que nos transformam. Afinal, são essas experiências simples e autênticas que tornam a vida verdadeiramente rica e gratificante!

CAPÍTULO XII

REFLEXÃO SOBRE A MINHA JORNADA

Ao recordar meu passado, vejo com gratidão não apenas as conquistas, mas um turbilhão de memórias e emoções que invadem meu coração. Cada passo, cada desafio, cada vitória moldou a pessoa que me tornei. A minha jornada não foi fácil, mas o brilho das vitórias e o aprendizado nas dificuldades a tornaram incrivelmente rica e gratificante.

Desde o início, quando os sonhos pareciam distantes, foi a presença constante de Deus que iluminou meu caminho. Em momentos de dúvida e insegurança, a fé se tornou minha âncora, sempre me lembrando que havia uma força maior me sustentando. Eu não estava sozinho. A cada vitória, a cada pequeno passo em direção aos meus objetivos, tinha a certeza de que tudo era parte de um plano divino que me motivava ainda mais.

A mensagem que compartilho com vocês, leitores, é clara e sincera: nunca desistam dos seus sonhos! Acreditem que, mesmo nos momentos mais sombrios, a luz da esperança pode brilhar. Como está escrito em Filipenses 4:13: "Tudo posso naquele que me fortalece". Essa verdade se tornou uma fonte de coragem na minha vida, que me impulsionou a seguir em frente, mesmo quando o caminho parecia árduo

Por fim, aos leitores desta obra, quero deixar uma mensagem de esperança. Lembrem-se de que seus sonhos são valiosos e merecem ser perseguidos com determinação e fé. Acreditem em si mesmos e na força que vem de Deus ao seu lado; vocês são capazes de superar qualquer obstáculo e alcançar alturas inimagináveis.

Lembre-se: O caminho mais rápido para fazer muitas tarefas é fazer uma coisa de cada vez.

Todos os nossos sonhos podem se realizar,
se tivermos coragem, amor e fé em Deus.

(Luiz Nery)

CAPÍTULO XIII

DEPOIMENTOS
SOBRE AO AUTOR

Expresso a minha gratidão a Deus pela sua vida, que é um verdadeiro presente para mim. Você é um exemplo de inspiração, pessoa incrível, cheia de amor, bondade, honestidade e sabedoria. Desde a nossa feliz união matrimonial, tem sido um excelente esposo e pai amoroso. Você sempre me apoiou nos meus projetos sociais e cristãos, e ao mesmo tempo é o meu alicerce, e meu anjo da guarda, que me cuida com tanto carinho, nos momentos bons e ruins. Você é, o eterno e único amor da minha vida.

Roseni das Graças Nery (esposa)

Ao meu Pai, minha gratidão por seu exemplo de coragem que é imensa, como bem retratado em sua autobiografia. Apesar de enfrentar uma vida repleta de desafios e ser constantemente testado pelas adversidades, você jamais abandonou a pessoa mais importante: você mesmo. Sua fé inabalável em Deus, sua resiliência e sua lealdade aos princípios que sempre o guiaram; mantiveram você firme em seu propósito, e você venceu. Construiu uma família linda, com bases sólidas, e deixou uma marca indelével, na vida de todos que tiveram a sorte de conhecê-lo. A sua trajetória de vida me inspira a perseguir meus próprios sonhos. Pois, onde muitos enxergavam fracasso, você encontrou oportunidades, e fez a diferença neste mundo. Que seu exemplo continue a inspirar outros, a acreditarem em si mesmos e no poder de se tornarem quem desejarem ser. Sinto um imenso orgulho e gratidão, por fazer parte desta família. Te amarei para sempre.

Karin Juliana Nery Rodrigues (filha)

Ao meu pai, que sempre foi um exemplo de quem eu queria me tornar. Na infância, suas brincadeiras e histórias repletas de desafios, me transmitiam valiosas lições cheias de sabedoria, que moldaram os meus primeiros passos. Na adolescência seus relatos sobre a juventude, e o esforço incansável para superar desafios que mostraram que, com bastante esforço e determinação, tudo é possível.

Hoje, ao olhar para o homem que me tornei, vejo que cada conquista tem um pedaço seu. Trilhei meu próprio caminho, sempre guiado pelos seus ensinamentos, apoio e amor. Pai, você é, e sempre será, meu maior exemplo e motivação na vida. Obrigado por ser sempre tão presente.

Marlon Luiz Nery (filho).

Ao meu pai Luiz, exemplo vivo de esforço e amor incondicional. De natureza humilde e coração firme, ele, junto com minha mãe, criou eu e meus irmãos com carinho, e nos mostrou o verdadeiro caminho do bem. Seus ensinamentos sobre responsabilidade e caráter, nos guiaram por toda a vida, e sou eternamente grato a Deus pela oportunidade de tê-lo como pai. Hoje, tento ser para os meus filhos, o exemplo que ele foi para mim, transmitindo a força, a bondade e o amor que sempre nos ofereceu. Obrigado pai, por ser meu grande exemplo de vida e honra.

Maikel Nery (filho)

CAPÍTULO XIV

FOTOS DA FAMÍLIA DO AUTOR

Figura 40 – Luiz e Roseni em um dos momentos felizes de suas vidas em 2024

Fonte: arquivo do autor

Figura 41 – Luiz com a família em passeio de barco no litoral de Santa Catarina em 1987

Fonte: arquivo do autor

Figura 42– Luiz com a família: minha esposa, Roseni, e meus filhos: Karin Juliana, Marlon Luiz e Maikel Nery, 1997

Fonte: arquivo do autor

Figura 43– Luiz com a esposa, Roseni e os netinhos: Olavo, Miguel, Rafaela, Joaquim e Pedro, em férias em 2024

Fonte: arquivo do autor

Figura 44– Família do autor: Curitiba, 2024

Fonte: arquivo do autor

REFERÊNCIAS

AGUIAR, A. E. P. O café no norte pioneiro do Paraná. *Cadernos PDE*, Jacarezinho, v. II, 2013. Disponível em: http://www.diaadiaeducacao. pr.gov.br/portals/cadernospde/pdebusca/producoes_pde/2013/2013_ uenp_hist_pdp_aparecida_eliete_pinto_aguiar.pdf. Acesso em: 1 fev. 2024.

ARAUJO, A. Como superar um trauma de infância? *Bem-Estar*, 9 maio 2017. Disponível em: https://www.minhavida.com.br/materias/mate- ria-15135. Acesso em: 6 mar. 2022.

ASSESSORIA de Comunicação Social (ASC). Universidade Estadual de Maringá. *UEM Avança posição e é 23a melhor do Brasil, segundo o Ranking da Folha*. Disponível em: https://www.asc.uem.br/index.php?option=com_content&view=article&id=28431:uem-sobe-uma-posicao-e--e-a=-23--melhor-do-brasil-segundo-ranking-da-folha&catid-986&Itemid=211. Acesso em: 11 mar. 2024.

BARREIRO, I. M.F. *Política de educação no campo:* para além da alfabetiza- ção (1952-1963) [online]. São Paulo: Editora UNESP; Cultura Acadêmica, 2010. 149 p. ISBN 978-85-7983-130-0. Disponível em: https://static. scielo.org/scielobooks/q7zxz/pdf/barreiro-9788579831300.pdf. Acesso em: 03 maio 2023.

BIASOLI-ALVES, Z. M. M. Famílias brasileiras do século XX: os valores e as práticas de educação da criança. *Temas psicol.*, Ribeirão Preto, v. 5, n. 3, dez. 1997. Disponível em: http://pepsic.bvsalud.org/scielo.php?scrip-t=sci_arttext&pid=S1413-389X1997000300005. Acesso em: 04 jul. 2023.

BUENO, R. História da imigração italiana na América do Sul. *Renata Bueno,* 2021. Disponível em: https://renatabueno.com.br/

storia-dellim- migrazione-italiana-in-sudamerica/. Acesso em: 01 fev. 2024.

BULLYING. Wikipédia, 2024. Disponível em: https://pt.wikipedia. org/ wiki/Bullying. Acesso em: 01 fev. 2024.

CURITIBA dos anos 70. *Circulando por Curitiba*, 5 fev. 2010. Disponível em: http://www.circulandoporcuritiba.com.br/2010/02/curitiba-dos-a- nos-70.html. Acesso em: 17 maio 2023.

DESSEN, M. A. Estudando a Família em Desenvolvimento: Desafios Conceituais e Teóricos. *Universidade de Brasília*, 2010. Disponível em: https://www.scielo.br/j/pcp/a/R498b6yFx3wnG7ps8ndBFKb/?-forma- t=pdf&lang=pt. Acesso em: 10 out. 2023.

DIAS, O. F. A profissão de engraxate pelas lentes do fotógrafo Octacílio Freitas Dias. *Jornal Dois Irmãos*, 22 abr. 2029. Disponível em: https://www. jornaldoisirmaos.com.br/noticia/22042019-a--profissao-de-engraxate--pelas-lentes-do-fotografo-octacilio--freitas-dias. Acesso em: 1 fev. 2024.

ESTAÇÃO Rodoviária – Década de 1950. *Maringá Histórica*, [20--]. Dis- ponível em: https://www.maringahistorica.com.br/publi-cacoes/3002/ estacao-rodoviaria-decada-de-1950. Acesso em: 1 fev. 2024.

GALVÃO, M. E. Maior porta de entrada de imigrantes do País, Santos tem diversidade de nações. *Festival do Imigrante*, 27 set. 2019. Disponível em: https://www.santos.sp.gov.br/?q=noticia/maior--porta-de-entrada--de-imigrantes-do-pais-santos-tem-diversi-dade-de-nacoes. Acesso em: 16 ago. 2023.

HOSPITAL de Clínicas de Curitiba – Pronto Atendimento. *Guia Geográflco Curitiba*. Disponível em: http://www.curitiba-parana. net/patrimonio/ hospital-clinicas.htm. Acesso em: 13 mar. 2024.

HOSPITAL Universitário Cajuru. *História*. Disponível em: http:// www. hospitalcajuru.org.br/historia-do-hospital/. Acesso em: 6 dez. 2015.

MATERNIDADE Curitiba. *ICS Instituto Curitiba de Saúde*. Disponível em: https://ics.curitiba.org.br/ics-credencia-nova-maternidade/. Acesso em: 22 jun. 2019.

MARINGÁ. Seduc – Secretaria de Educação. *Escola Municipal Ayrton Plai- sant*. Disponível em: http://www.maringa.pr.gov.br/portal/?-cod=portal/6/ pagina/750/escola-municipal-ayrton-plaisant. Acesso em: 11 mar. 2024.

MARINGÁ Histórica. *1975:* 50 anos da Companhia Melhoramentos Norte do Paraná. Postado em 01/11/2021. Disponível em: https:// youtu. be/5DDNuXzkYgs. Acesso em: 4 ago. 2023.

MARQUES, J. R. *PSC Proflssional & Self Coaching*. A Metodologia da maior Formação em Desenvolvimento Humano do Brasil Atualizada para Obtenção de Resultados. Disponível em: https://jrmcoaching. com.br/ blog/como-recomecar-a-vida-profissional-superar-fra-casso-na-carreira/. Acesso em: 1 fev. 2024.

MERCADO Livre. *Chuveiro caipira*. Disponível em: https://lista. merca- dolivre.com.br/chuveiro-caipira. Acesso em: 4 abr. 2024.

MERCADO livre. *Lamparinas de querosene modelo retro antigo com pavio*. Disponível em: https://lista.mercadolivre.com.br/lamparina-a--querosene. Acesso em: 4 abr. 2024.

MERCADO Livre. *Carteiras escolares antigas usadas na época*. Disponível em: https://lista.mercadolivre.com.br/carteira-escolar-antiga-u-sada. Acesso em: 3 abr. 2024.

MIMEÓGRAFO Inesquecível. Disponível em: https://infancia8090. blogspot.com/2011/01/o-inesquecivel-mimeografo.html. Acesso em: 1 jan. 2011.

NUNES, A. Bullying: Um Desafio às Escolas do Século XXI. *Portal da UOL*, [20--]. Disponível em: https://meuartigo.brasilescola.uol. com.br/educa- cao/bullying-um-desafio-as-escolas-seculo-xxi. htm. Acesso em: 1 fev. 2024.

OBSERVATÓRIO da Impressa homenageia o Pequeno Jornaleiro. *Por- tal EBC, Observatório da Imprensa*, 7 jan. 2014. Disponível em: https:// tvbrasil.ebc.com.br/observatorio/episodio/pequeno-jornaleiro. Acesso em: 1 fev. 2024.

PEREIRA, C. N.; CASTRO, C. N. Educação no Meio Rural: Diferenciais entre o Rural e o Urbano. *Ipea*, 2001. Disponível em: https:// reposito- rio.ipea.gov.br/bitstream/11058/10501/1/td_2632.pdf. Acesso em: 22 maio 2022.

SECRETARIA da Educação Colégio Estadual Dr. Gastão Vidigal/ Espaço Escola. Disponível em: http://www.mgagastaovidigal.seed. pr.gov.br/ modules/conteudo/conteudo.php?conteudo=8. Acesso em: 22 out. 2011.

STAREPRAVO, B. *Segredos da Realização*. Curitiba: Gráfica Vitória, 1988. 184 p.

SANTA CASA. www.fotografandocuritiba.combr. Disponível em: https:// www.fotografandocuritiba.com.br/2015/08/santa-casa. html. Acesso em: 27 ago. 2015.

THE HISTORICAL Research Center. História do sobrenome Nery. Brasão de Arras da família Nery, em 04 de janeiro de 2003.

UNIVERSIDADE Federal do Paraná. *Wikipédia*. Disponível em: https:// pt.wikipedia.org/wiki/Universidade_Federal_do_Paran%-C3%A1#/media/ Ficheiro:UFPR_vista_frontal.jpg. Acesso em: 12 mar. 2024.

WIKIPEDIA a enciclopédia livre. *As condições de vida e a luta diária para a sobrevivência destes jovens são descritas por Vittorio De Sica em "Sciuscià"*(filme de 1946). Disponível em: https://pt.wikipedia.org/ wiki/Engraxate. Acesso em 4 abr. 2024.